새장은 원래 없었다

새장은 원래 없었다

초판 1쇄 인쇄 │ 2026년 3월 10일
초판 1쇄 발행 │ 2026년 3월 20일

지은이 │ 고수연
펴낸이 │ 김진성
펴낸곳 │ 흔아래북스

편　집 │ 이경일, 정서윤, 장재승
디자인 │ 임정호
관　리 │ 정보해

출판등록 │ 2005년 11월 5일 제 2016-000006호
주　　소 │ 경기도 수원시 장안구 정조로 1110번길 14-9, 302호(송죽동)
대표전화 │ 02. 323. 4421
팩　　스 │ 02. 323. 7753
전자우편 │ kjs9653@hotmail.com

Copyright©고수연, 2026

값 15,000원
ISBN 979-11-993648-3-7 (03320)

새장은
원래 없었다

고수연 지음

**단 60초 정렬, 3분 귀환으로
정체성 루프를 해독하는 법!**

당신은 갇힌 적이 없다.
단지 같은 생각을 반복했을 뿐이다.

자기 성찰을 통해
깊은 영감과 정체성 회복으로 이끄는 책!

본인은 나주대학교 총장으로서, 고수연 교수님의 《새장은 원래 없었다》에 깊이 공감하며 기쁜 마음으로 일독을 추천합니다. 이 책을 읽는 동안, 저는 오랜만에 '문제를 해결해야 한다'는 긴장에서 벗어나 조용히 숨을 고를 수 있었습니다.

무엇보다 이 책이 제게 준 가장 분명한 경험은 불안을 해석하기보다 마음이 차분해지고, 가라앉는 느낌이었다는 것입니다. 무언가를 더 잘하라고 재촉하지도 않고, 더 강해지라고 다그치지도 않으면서 '이미 충분히 잘 살아오고 있다'는 감각을 독자 스스로 느끼고 회복하도록 만드는 책이라는 인상을 강하게 받았습니다.

이 책은 불안을 없애기 위해 싸우라고도 말하지 않습니다. 오히려 불안이 생겨난 자리, 반복되어 온 자기 해석의 구조를 깊고 조용히 바라보게 합니다. 그래서 저자가 이 책에서 말하는 '정체성 루프'는 많은 독자, 특히 삶의 여러 역할을 동시에 감당해 온 독자들에게 깊은 영감을 주는 개념이라 생각합니다. 그동안 우리는 종종 책임감과 성실함이라는 이름으로 너무도 바쁘게 살며 자신을 가장 엄격하게 평가해 왔기 때문입니다.

또한 이 책은 사회를 살아가는 개인이 겪는 정체성의 혼란과 반복되는 자기 한계를 단순한 심리 위로나 추상적 자기계발의 언어로 다루지도 않습니다. 그저 우리가 스스로를 가두고 있던 보이지 않는 구조를 차분하고도 설득력 있게 해독해 나갑니다. 제가 읽어본 바로는 자기 인식 틀을 근본적으로 재검토하도록 요구하며, 동시에 다시 설 수 있는 구체적인 길을 제시합니다.

특히 이 책의 강점은 뇌과학, 심리, 영성, 삶의 서사를 분절적으로 나열하지 않고, '정렬(Alignment)'이라는 하나의 축으로 통합했다는 데 있습니다. 저자는 삶의 문제를 속도나 성취의 결핍으로 환원하지 않고, 방향과 결의 어긋남에서 비롯된 것으로 진단합니다. 이를 바탕으로 독자에게 자신의 몸·마음·의식을 다시 조율할 수 있도록 21일, 66일의 실천 여정도 제안합니다. 그리고 이 여정이야말로 이 책이 이론에 머무르지 않고, 실제 삶에 적용 가능한 구조를 갖출 수 있었던 장점이 아닐까 싶습니다.

개인적인 느낌으로 이 책은 독자를 수동적인 치유의 대상으로 두지 않습니다. 독자를 '창조자'로 호명하며, 변화란 외부 조건의 개선이 아니라 존재의 자리 이동에서 시작된다는 점을 반복적으로 강조합니다. 이 과정에서 제시한 '새기기', '먼저 보기', '귀환'과 같은 개념들은 난해한 철학적 용어가 아니라, 독자의 일상 언어로 치환되어 삶 속에서 작동하도록 설계되어 있습니다. 이는 오랜 교육과 코칭 현장에서 축적된 저자의 경험이 자연스럽게 녹아든 결과일 것입니다.

대학 교육의 관점에서 보더라도 이 책이 전하는 메시지는 의미가 큽니다. 오늘날 교육은 학문 연구나 지식 전달을 넘어, 개인이 자기 삶의 방향과 의미를 스스로 설정할 수 있도록 돕는 역할을 요구받고 있습니다. 이 책은 바로 그 지점에서, 현대인이 잃어버린 '존재의 중심'과 '불안의 해소'와 '회복'을 도모하는 귀한 텍스트라 할 수 있습니다. '존재'에 대한 사유라는 밑바탕이 있어야 '학문'과 '지식'이라는 탑을 쌓을 수 있기 때문입니다. 그런 점에서 이 책은 학생, 직장인, 교육자, 그리고 삶의 전환점에 선 모든 이들에게 깊은 울림과 실제적 도움을 주리라 확신합니다.

　이에 본인은《새장은 원래 없었다》가 단순한 자기계발서를 넘어, 한 사람의 삶과 태도를 근본적으로 성찰하게 하는 책으로서 독자들과 만날 수 있으리라 믿으며, 고수연 교수님의 원고를 적극 추천하는 바입니다.

- 나주대학교 총장 김수연

거목과 윤슬을 향해

아직 겨울의 찬 기운을 다 벗지 못한 산등성이에서 차가운 흙을 뚫고 올라온 진달래가 연분홍 꽃잎을 터뜨려 메마른 산자락을 물들이고 있습니다. 이는 혹독한 계절을 견딘 뿌리가 연약해 보이지만 산 전체의 분위기를 바꿔 버리는 존재감을 드러내며 '새 계절이 왔다'고 보내는 조용하지만 강력한 신호입니다.

저는 믿습니다. 우리 안에도 각자를 가두는 내면의 얼어붙은 땅을 뚫고 나올 힘이 있다는 것을 말입니다. 그 증거가 바로 저 자신입니다. 저 자신 또한 표현할 수 없는 전신의 통증이라는 깊은 얼음 속에서 오랫동안 허우적거렸지만, 결국 제 안의 힘으로 그 얼음을 깨고 나왔기에 확신할 수 있습니다. 그 힘은 바로, 혹독한 겨울을 이겨내고 마침내 꽃을 피워내고야 마는 한 송이 진달래와 같습니다.

저의 사명은 당신이 그 내면의 힘인 본질적 자아를 발견하고, 자신만의 꽃을 활짝 피워내도록 돕는 일입니다. 저는 뇌와 마음, 그리고 영성을 통합하여 사람들 안에 잠든 창조적 잠재력을 깨우는 K-멘탈 퍼포먼스 마스터 코치로, 일명 '진달래'입니다.

이 책은 위로를 찾는 사람보다, 선택의 무게를 느끼는 사람을 위한 책입니다. 감정을 다독이는 책이 아니라, 삶의 방향을 다시 잡게 만드는 책입니다. 이 책을 통해 변화는 의지가 아니라 구조에서 시작된다는 사실을, 당신은 직접 확인하게 될 것입니다. 이제부터 우리는 '왜 반복되는가'가 아니라 '어디서 다시 시작할 것인가'를 다룰 것입니다.

이 책은 '새장은 보이는데, 왜 날개는 보이지 않을까?'라는 질문에서 시작되었습니다. 우리는 흔히 과거의 사건이나 환경을 삶의 결과라고 믿습니다. 하지만 정작 우리를 가두는 것은 사건 자체가 아닙니다. 사건 이후 당신의 내면에서 조용히 반복 재생되던 '해석의 루프', 즉 정체성 루프가 진짜 감옥입니다. 또한 차이를 만드는 것도 사건이 아니라, 사건 위에 새겨진 '나에 대한 해석' 때문입니다.

결핍과 두려움의 언어로 세계를 읽을 때 우리 눈앞에는 늘 '창살'이 먼저 나타나게 마련입니다. 하지만 우리의 의식이 성장하면 비로소 보이지 않던 가능성인 '날개'가 보이기 시작합니다. 그리고 그 날개를 크게 펼쳐 날개짓을 하면 우리는 저 넓고 푸른 창공을 마음껏 날 수 있습니다.

이 책은 당신을 억지로 바꾸려 하지 않습니다. 대신 이미 당신 안에 있던 '본질적 자아'가 제자리를 찾도록 다음 세 축을 따라 걷습니다.

- **1부 정렬**: 몸과 숨의 결을 세우며 '나는 돌아올 수 있는 사람이다'라는 존재의 기본 자세를 회복합니다.
- **2부 해독**: 'D-R-C 모델'을 통해 새장이 실체가 아닌 낡은 해석이었음을 깨닫고, '문제'가 아니라 '문제를 바라보던 자리'를 바꿉니다.
- **3부 귀환과 창조**: '3분 루틴'과 '새기기', '먼저 보기'를 통해 '이미 받은 자'의 자리로 귀환하여 새로운 삶을 창조합니다.

이 여정의 끝에서 당신은 비로소 알게 될 것입니다. 정작 새장은 처음부터 밖에 있는 것이 아니라 언제나 내 안의 해석으로 지어져 있었다는 사실을 말입니다. 이 책은 당신의 날개를 다시 만지게 해주는 연습장이자, 당신 안의 봄을 피워내기 위한 정렬의 기록입니다.

　자, 이제 이 멋지고 황홀한 여정의 첫 장을 함께 열어 보겠습니다.

－저자 **고수연**

CONTENTS

1부　정렬 : 살아 있음의 결을 세우는 일

왜 통하는가 - D·R·C 모델

3부　새장은 원래 없었다

1부

정렬:

살아 있음의

결을

세우는 일

당신은 '살아 있습니다'. 하지만 오늘 하루,
단 한 순간이라도 '살아 있음'을 느낀 적이 있나요?

풀잎 끝에 맺힌 이슬

1장

정렬: 삶은 '속도'가 아니라 '결'을 세우는 일

아침입니다.

아침이니 일어납니다.

일어나야 되니 일어납니다.

세수. 커피. 가방.

몸이 먼저 움직이고, 마음은 어제의 그림자를 끌고 옵니다. 습관처럼, 거의 중독처럼, 세상이 요구하는 속도가 당신을 데리고 갑니다. 세상이 덧씌운 역할과 기대를 위해, 어제의 결핍에 붙들린 채로, 이미 길들어지고 중독된 나로 하루를 시작합니다.

그런데도 당신은 자주 놓칩니다. 이 삶에서 벗어나고 싶다는 내면의 아우성을. 그 신호를 알아차리지 못한 채 사소하고 급한 일들로 하루를 채웁니다. 기쁘지도, 설레지도, 반갑지도 않은 하루. 그 하루가 시작된 것 자체가 신호인데도, 당신은 '원래 이런가 보다' 하고 넘어갑니다.

밤이 되면 잠자리에 눕습니다.

가슴에 퍼지는 허전함과 답답함을 느끼면서도, 피곤을 핑계로 덮어 둔 채 잠이 듭니다. 그리고 새날이 와도, 어제와 같은 날을 다시 맞습니다.

1. 정렬이 무너졌다는 7가지 신호

당신은 이미 알고 있습니다. 몸이 먼저 말해주는 진실, 마음이 보내는 작은 신호들을 말입니다. 다만 바빠서, 익숙해서, '원래 그런가 보다' 하고 지나칠 뿐입니다.

아래 징후들 중 세 가지 이상이 '어, 이거 나네' 하고 꽂힌다면, 의지가 약한 게 아닙니다. 결이 어긋났다는 신호입니다. 이 상태가 지속되면 '감정 문제'가 아니라 '결정 품질'이 먼저 무너집니다. 중요한 일은 뒤로 밀리고, 급한 일만 처리하게 됩니다. 사람을 대하는 말투가 거칠어지고, 관계 비용도 늘어납니다. 결국 문제는 '능력'이 아니라, 다음과 같이 정렬되지 않은 상태가 반복 재생되는 구조가 됩니다.

· 아침 첫 감정이 무겁다.

눈을 뜨는 순간, 기대보다 피곤·허무·짜증이 먼저 고개를 듭니다. 오늘이 '한 번 더 살아보고 싶은 하루'가 아니라 '또 버텨야 하는 하루'로 느껴집니다.

· 사소한 일에 계속 쫓긴다.

하루 종일 바쁜데, 정작 중요한 일에는 손이 가지 않습니다. 작은 알림, 급한 일, 남의 요청에 끌려다니다가 '오늘도 나를 못 살았다'는 허탈감만 남습니다.

· 설명하기 어려운 만성 피로와 뻐근함이 있다.

건강 검진 결과는 괜찮은데 몸은 늘 무겁습니다. 이유 없이 어깨가 굳고, 가슴이 답답하고, 잠을 자도 개운치 않습니다. 몸은 '이 삶의 결이 나에게 맞지 않는다'고 말하고 있는 것입니다.

· 비교와 열등감이 자동 반응이 된다.

누군가의 소식을 들을 때, 진심으로 축하하기보다 나도 모르게 '나는 왜…'가 먼저 떠오릅니다. 타인의 삶이 내 존재를 위협하는 것처럼 느껴집니다.

· 자꾸 짜증 나고, 말이 거칠어진다.

별일 아닌데도 예민해집니다. 내 안에서 정돈되지 않은 피로와 불안이, 가장 가까운 사람에게 날카로운 언어로 새어 나옵니다. 말투는 결의 상태를 가장 빨리 드러내는 거울입니다.

· 혼자 있으면 불안해서 계속 뭔가를 틀어둔다.

음악, 영상, SNS 등 침묵을 견디지 못합니다. 고요해지는 순간, 마주치기 싫은 나의 진짜 상태가 떠오를까 봐 계속 소음을 채워 넣습니다.

· 잠들기 직전까지 나를 비난하거나 걱정한다.

'오늘도 제대로 못했다', '난 왜 이럴까', '앞으로 어떡하지' 같은 생각으로 하루를 마감합니다. 이때의 자기 대화가 내일의 결을 결정한다는 사실을 모른 채 말입니다.

이것은 실패 목록이 아니라, 되돌아갈 좌표가 필요하다는 안내문입니다. 정렬은 갑자기 위대한 사람이 되라는 초대가 아니라, 더 이상 어긋난 결에 나를 방치하지 말라는 조용하지만 분명한 호출입니다.

2. 속도의 시대에서 결의 시대로

당신은 어떤 아침을 원하나요.
왜 원하는 삶에서 이토록 멀어졌다고 느끼는 걸까요.
그저 더 빨리 뛰면, 정말 그 자리에 닿을 수 있을까요.

우리는 속도를 찬양하는 시대에 살고 있습니다. 빨리 승진하고, 빨리 성장하고, 빨리 성과를 내야 합니다. 그래야 뒤처지지 않고, 의미 있는 인생을 사는 것처럼 보이니까요.

그런데 이상합니다. 더 빨리 뛴다고 해서, 이 공허함은 채워지지 않습니다. 기쁘지도 설레지도 반갑지도 않은 그 아침은 정말 '목표가 없어서'일까요.

오히려 우리는 속도에 중독된 채, 결을 잃어버린 것인지도

모릅니다. 속도가 빨라질수록 내면은 더 흐트러지고, 겉의 속도만 남습니다. 방향이 틀어진 상태에서 속도만 올리면, 우리는 목적지에 도착하는 것이 아니라 더 멀리, 더 깊이 엇나가게 됩니다.

그러다 어느 날 번아웃이 오고, 허무가 찾아옵니다. '이게 다냐'는 말이 가슴속에서 반복됩니다. 여기서 문제는 속도가 아닙니다. 문제는 정렬되지 않은 속도입니다.

정렬은 느림이 아닙니다. 방향의 명료함입니다. 속도보다 먼저 방향을 확인해야 합니다. 세상이 정해준 레일보다, 내 존재의 결이 먼저입니다.

이 책에서 말하는 '결'은 거창한 단어가 아닙니다. 내가 어떤 리듬으로 살고 있는지, 무엇을 기준으로 선택하는지, 내 마음과 몸과 가치가 한 방향으로 서 있는지를 말합니다.

진짜 빠른 사람은, 먼저 멈춰 서서 이렇게 묻는 사람입니다.

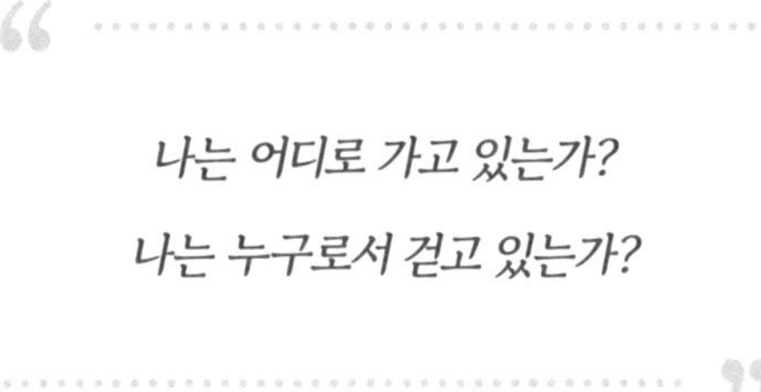

정렬은 속도를 포기하는 선택이 아닙니다. 허비하지 않는 삶을 선택하는 기술입니다.

이 책에서 말하는 정렬은, 일시적인 위로나 감정 조절법이 아닙니다. 정렬은 존재의 방향을 다시 세우는 일입니다. 내 안의 본질과 삶의 방식, 욕망과 신념, 상처와 가능성이 지금 어느 결로 서 있는지 다시 세우는 일입니다. 그러니 이제 다른 길을 택해야 합니다.

그렇다면 그 '다른 길'은 어디서 시작될까요. 밖이 아니라, 안에서 시작됩니다. 삶의 속도나 외부 변수는 통제하기 어렵습니다. 하지만 딱 하나, 통제할 수 있는 것이 있습니다. 가장 근본적인 출발점인 내면의 상태입니다. 그 상태는 스스로 선택할 수 있고, 스스로 세울 수도 있습니다.

가능성을 깨우고 잠재 능력을 살아내기 위해, 당신은 먼저 '본질적 자아'에게 생기를 주어야 합니다. 그 순간 방향은 또렷해지고, 에너지는 모이며, 걸음은 의미를 얻습니다. 속도는 결과를 재촉하지만, 정렬은 결과가 스스로 따라오게 만듭니다.

3. 생기와 결: 뇌·마음·영성의 정렬

‘생기’란 무엇일까요? 그것은 추상이 아닙니다. ‘본질적 자아’를 밖으로 드러나게 하는 힘이며, 당신 안의 지각知覺을 여는 힘이자, ‘살아 있는 지성’ 그 자체입니다.

생기가 차오르면 비로소 내면의 키와 어깨가 넓어지기 시작합니다. 이것은 존재의 그릇이 넉넉해지고, 삶의 중심이며, 내면이 단단해져 마침내 당신의 ‘결’이 바로 서는 일입니다. 이 책에서 말하는 결은 뇌신경계, 마음주의/의도, 영성가치/서사을 관통하는 존재의 고유한 정렬 상태를 뜻합니다.

반복적인 주의 집중과 의도적 선택은 뇌의 회로를 바꿉니다신경가소성. 그래서 ‘반사’가 ‘응답’으로 늘어납니다. 특히 아침 직후는 전전두엽의 억제·평가 필터가 상대적으로 느슨해져 수면 관성 새 서사와 정렬 문장을 심기 좋은 ‘창’이 열리기 쉽습니다. 잠들기 전은 기억 공고화가 활발한 시간대로, 낮에 고른 ‘정렬의 선택’을 다시 떠올려 언어화할수록 다음 날의 행동 개연성이 커집니다.

‘결이 선다’는 것은 몸의 톤이 가라앉고, 주의와 의도와 가치가 한 방향으로 정렬되는 상태를 말합니다. 같은 사건을 다른

의미로 해석하고, 작은 행동을 매일 같은 리듬으로 닫는 상태
인 것입니다. 그렇게 그릇이 넉넉해지고 고유의 결이 바로 서
면, 존재는 웅장해집니다. 그리고 웅장함이 가득한 존재는 마
침내 많은 새가 깃들고, 많은 이의 그늘이 되어 줄 수 있는 거목
巨木이 됩니다.

4. 숲의 웅장함과 인간의 가능성

　아주 오래된 거목 앞에 서본 적 있나요. 수백 년의 바람과 비를
견디고 하늘을 찌를 듯 곧게 솟은 나무 앞에 서면, 우리는 설명
할 수 없는 기운을 느낍니다. 말로 옮기기 힘든, 그러나 분명히
몸으로 감지되는 웅장함. 소리인지 울림인지 들리지 않지만, 분
명하게 전해지는 진동을 느낍니다. 정적 속에서, 가슴 깊은 곳
으로부터 '텅~' 울림이 일어납니다. 말문이 막히고, 숨이 잠시
멈춰지고, 눈시울이 뜨거워지기도 합니다.
　그 순간 우리는 묻게 됩니다. 이것은 아름다움일까요. 경외감
일까요. 그리고 동시에 깨닫게 됩니다. '존재의 웅장함'이 얼마
나 위대한지.

거목은 단순한 나무가 아닙니다. 그 안에는 시간의 결, 계절의 리듬, 생명의 숨결이 새겨져 있습니다. 껍질의 상처마다 이겨냄의 흔적이 남아 있고, 나이테마다 생명과 고통과 성장과 인내의 이야기가 겹겹이 쌓여 있습니다.

그 결 사이에는 누구에게도 들리지 않았던 설움과, 아무도 알아주지 않았던 외로움이 조용히 축적되어 있습니다. 웅장함은 대개 자연 속에서 흔들리고 버티며 끝내 자기 결을 지켜낸 생명에게서 더욱 또렷하게 나타납니다. 그것은 단순한 '존재감'이 아니라, 풍파 속에서도 정체성을 지켜낸 생명이 지닌 힘에 가깝습니다.

울창한 숲에서도 우리는 그와 비슷한 느낌을 가집니다. 숲에서는 수천 그루 나무의 숨결과 상처와 이겨냄의 흔적이 켜켜이 포개져, 눈에 보이지 않는 하나의 장을 이룹니다. 나무와 나무 사이, 빛과 공기 사이로 아지랑이처럼 아른거리는 그 기운 앞에 서면, 빛이 아닌데도 이상하게 눈이 시립니다. 언어로 모두 옮길 수는 없지만, 거기에는 분명히 흐르는 어떤 결이 있습니다. 숲 전체가 하나의 몸처럼 숨쉬며 만들어 내는, 살아 있음의 결 말입니다.

사람도 그렇습니다. 누군가는 말없이 있어도 공간을 채움니다. 큰 목소리를 내지 않아도, 그 사람 곁에 서는 것만으로 마음이 단정해지기도 합니다. 그들에게는 묵직한 울림이 있습니다.

그 힘은 겉모습이 아니라, 삶의 결에서 나옵니다. 그 결은 돈, 직함, 화려한 결과에서 오지 않습니다. 수많은 시련 속에서도 본질을 놓지 않으려 애쓴 선택들, 흔들려도 다시 돌아오려 했던 수백 번의 귀환, 남이 보지 않는 자리에서 정직하게 쌓아 올린 내면의 리듬에서 옵니다.

당신에게도 그 웅장함의 씨앗이 있습니다. 문제는 씨앗이 없어서가 아닙니다. 타인의 서사, 비교의 각본, 결핍의 기억이 당신의 결을 엉켜 놓았기 때문입니다. 정렬은 그 엉킴을 억지로 잘라내는 작업이 아닙니다. 당신 안에 이미 있는 방향을 다시 기억해 내는 작업입니다.

5. 빛·산소·환기: 존재의 정렬 자세를 지탱하는 세 축

정렬은 기술이기 전에 존재의 자세입니다. 세상이 정해준 방향이 아니라, 태어날 때 이미 부여받았던 본래의 방향으로 다시 서는 일입니다.

그 자세는 생각만으로는 만들어지지 않습니다. 내면의 빛을 켜고, 산소를 불어넣고, 환기를 시작하는 구체적인 힘이 필요합니다. 빛은 본질을 비추고, 산소는 존재를 살리며, 환기는 낡은 해석을 걷어내 나를 다시 깨웁니다.

이 세 가지가 맞물릴 때, 우리는 비로소 자기 자리로 돌아올 수 있습니다. 즉 정렬은 '감정이 흔들리지 않는 사람이 되는 것'이 아니라, 흔들려도 즉시 돌아오는 구조를 만드는 일입니다.

당신은 왜 그 '웅장한 기운'을 잃어버렸을까요. 왜 매일 아침, 그렇게도 공허할까요. "원하는 삶을 살고 싶다"고 말하면서도, 왜 여전히 같은 자리를 맴돌까요. 능력이 부족해서가 아닙니다. 우리가 '능력'을 '소유'로 착각해 왔기 때문입니다.

집, 돈, 명성, 지위는 능력의 결과일 수는 있어도, 능력 그 자체는 아닙니다. 진짜 능력은 의식의 높이, 지각의 깊이, 영혼의 방향에서 옵니다. 그 힘은 이미 우리 안에 있습니다. 다만, 아직 정렬되지 않았을 뿐입니다.

우리는 평생을 '더 가져야 한다'고 배워 왔습니다. 그래서 "소유를 버려라"는 말을 들으면, 본능적으로 저항합니다. 그러나 이 책이 말하는 것은 '소유를 버려라'가 아닙니다. '소유보다 더 큰 존재가 되어라'입니다.

우리가 결핍을 느끼고 불안과 두려움에 휘둘리는 이유는, 욕망이 커서가 아닙니다. 내 존재가 그 욕망보다 작게 느껴지기 때문입니다. 해결책은 욕망을 억누르는 것이 아니라, 존재를 키우는 것입니다.

당신이 돈보다 작게 느껴질 때, 당신은 돈의 노예가 됩니다. 돈의 움직임에 당신의 '결'이 찢깁니다. 당신이 명예보다 '작게 느껴질' 때, 당신은 타인의 시선에 갇힙니다. '좋아요' 숫자에 당신의 존재가 훼손됩니다. 이것이 '생존자'의 비극입니다. 그들은 '존재'를 키울 생각은 하지 않고, '소유'를 쫓는 '속도'만 높이려 합니다.

당신은 이제 '창조자'의 진실을 마주해야 합니다. 현실을 보십시오. 돈, 명예, 지위 등 모든 것을 '소유'했지만, '존재'를 느끼지 못해 허무 속에서 무너지는 사람들을 우리는 매일 봅니다. 그들의 '소유'는 질병 한 번에, 실수 한 번에, 하루아침에 흔들립니다. 이처럼 '소유'는 '존재'를 보장하지 못합니다.

하지만 '존재'로 서는 사람은 다릅니다. 본질적 자아와 '정렬'되어 웅장함의 '결'을 세운 사람은, 흔들릴지언정 무너지지 않습니다.

‘존재’가 단단할수록, 필요한 ‘소유_{물질, 기회, 관계}’도 더 자연스럽게 모이기 시작합니다.

그러니 우리는 더 커져야 합니다. 원하는 ‘그것’보다 더 ‘웅장한 존재’가 되어야 합니다. 소유를 좇지 마십시오. 존재를 세우십시오. 존재로 사는 것이 먼저입니다. 소유는 정렬된 존재가 발하는 빛에 이끌려오는 자연스러운 결과일 뿐입니다.

거목의 웅장함은 햇빛과 물과 바람을 온몸으로 받아냈기에 가능했습니다. 때로는 뜨거운 햇빛이 잎을 태우고, 거센 비바람이 가지를 꺾었지만, 그 모든 시간을 더 깊은 뿌리와 두터운 나이테로 바꾸어 냈습니다. 자신의 리듬 안에서 상처와 풍파를 생명으로 통합해 온 결과, 하늘을 찌를 듯한 웅장함이 만들어진 것입니다.

우리도 그렇습니다. 섣부른 목표와 단순한 의지만으로는 그렇게 설 수 없습니다. 혼자 힘만으로도 되지 않습니다. 빛처럼 비추는 지성, 산소처럼 살리는 생명력, 환기처럼 해석을 바꾸는 바람. 이 보이지 않는 자원들과 다시 정렬될 때, 비로소 우리는 본래의 자세를 회복할 수 있습니다.

많은 책이 이렇게 말합니다. “아침에 일어나 햇빛을 보라”, “깊은 숨을 들이쉬어라”, “창문을 열어 공기를 환기시켜라”라고요. 맞는 말입니다. 그러나 이 책 《새장은 원래 없었다》는 다음과 같이 그보다 더 근원적이고, 더 정확한 선택을 하고자 합니다.

· 빛을 들이기 전에, 내면의 '빛'을 켜십시오.

· 숨을 쉬기 전에, 내면의 '산소'를 불어넣으십시오.

· 창문을 열기 전에, 내면의 '환기'를 시작하십시오.

세상의 루틴은 몸을 깨우지만, 《새장은 원래 없었다》의 루틴은 본질적 존재를 깨웁니다. 이것이 제가 말하는 '정렬'의 본질입니다. 내면의 중심에 심지를 세우고, 그 심지를 다시 불붙이는 내면의 회복 작업입니다. 그렇다면 이 정렬의 끝에서 우리는 어떤 존재로 나타날까요. 도대체 무엇을 위해 이 결을 세울까요.

저는 그 해답을, 햇빛이나 달빛에 비추어 물결이 반짝이는 '윤슬'에서 봅니다. 윤슬은 물결이 빛을 받아 생기는 잔잔한 반짝임입니다. 정렬된 존재가 비추는 상태의 빛입니다. 윤슬은 단순한 풍경이 아닌 정렬된 존재의 상태를 가장 정확하게 보여주는 상징입니다.

물은 스스로 빛나지 못합니다. 그러나 빛을 받고, 산소를 머금고, 바람을 통과할 때, 비로소 반짝입니다. 하늘의 빛을 받아들이고, 생명력을 채우고, 낡은 해석을 환기할 때, 우리의 존재는 윤슬처럼 빛납니다. 윤슬은 소유의 결과가 아니라, 정렬된 존재가 발하는 상태의 빛입니다.

우리는 흔히 힘 있는 사람을 많이 가진 사람, 높은 자리에 앉은 사람, 주목 받는 사람으로 착각합니다. 그러나 진짜 힘은 소유로 공간을 장악하는 데서 나오지 않습니다. 존재만으로 주변을 편하게 하고 밝게 만드는 데서 나옵니다. 그 사람 옆에 서면 호흡이 깊어집니다. 그 사람과 대화하면 생각이 분명해집니다. 그 사람을 만나고 나면 낡은 해석이 조금은 가벼워집니다.

그래서 우리는 이렇게 느낍니다. '저 사람은 뭔가, 반짝인다.' 그 반짝임이 바로 윤슬입니다. 눈을 찌르는 스포트라이트가 아니라, 지나가던 마음을 잠시 멈추게 하는 잔잔한 빛의 흔들림입니다.

당신의 본질과 정렬될 때, 당신은 '보이지 않는 지성'의 빛을 받아 비추는 거울이 됩니다. 그 순간, 당신의 존재는 윤슬처럼 드러납니다. 내가 만들어낸 빛이 아니라, 받은 빛을 다시 비추는 방식이기 때문입니다. 그래서 윤슬이 된 당신은 '소유'가 아니라 '반사反射'입니다.

당신이라는 존재 자체가 누군가에게는 길이 되고 빛이 됩니다. 당신이 받은 빛이 당신을 만들고, 당신은 누군가의 빛이 됩니다. 산소로 숨을 되찾듯, 당신이 많은 사람에게 생명력이 됩니다. 막혔던 해석을 틔우듯, 당신은 관점을 전환시키는 상쾌한 바람이 됩니다.

기억하십시오. 태어나자마자, 노력 없이 빛나는 존재는 없습니다. 처음부터 윤슬인 사람은 아무도 없습니다. 흔들리고, 어긋나고, 상처받고, 다시 서는 과정을 통과하고, 정렬하고, '나를 믿는 믿음'의 훈련을 통해서만 우리는 윤슬 같은 존재가 됩니다.

이 책에서 우리가 시작할 '정렬'이란, 바로 이 윤슬이 되기 위한 가장 실용적이고 강력한 훈련입니다. 이는 세상의 빛을 구걸하던 존재에서 빛을 반사하는 거울로 서는 훈련이자, 소유를 과시하는 사람이 아니라, 존재 자체로 길과 숨과 빛이 되는 연습인 것입니다. 이처럼 당신의 결을 세우는 일이야말로 곧, 당신을 빛나게 하는 일인 것입니다.

이제, 정렬을 지탱하는 이 세 축에 대해 하나씩 살펴보겠습니다.

🌑 빛: 깨어 있는 의식

빛은 막연한 '긍정'이 아니라, 정확히 보는 힘입니다. 정렬은 내면에 빛을 들이는 일입니다. 여기서 말하는 '빛'은 '현실을 무시하고 좋게만 보자'는 긍정이 아니라, 있는 그대로를 더 깊이, 더 정확히 보게 하는 지각의 회복입니다. 마음을 달래는 밝음이 아니라, 내 삶을 똑바로 비추는 밝음입니다.

이 빛은 단순한 희망을 넘어, 내 안에 원래 있던 가능성과 잠재 능력을 다시 깨웁니다. 이 빛이 켜지는 순간, 나는 더 이상 외부의 기준으로 나를 재단하지 않게 됩니다. 그 빛이 '내가 누구이며, 어디로 가야 하는지'를 비추는 내면의 등불이 되기 때문입니다. 몸의 눈이 사물을 본다면, 이 빛은 내 삶의 방향을 봅니다.

빛이 들어오면 '문제'가 바뀌는 것이 아니라 '해석'이 바뀝니다. 늘 하던 자동 반사가 보이기 시작하고, 반응이 아니라 대응을 선택할 수 있습니다. 그때 흔들리던 마음이 정돈되고, 흐트러졌던 선택이 다시 제자리를 찾습니다. 빛은 그렇게, 나를 다시 나에게로 돌려놓습니다.

* 한 줄 좌표: 오늘은 '좋게 보자'가 아니라 '정확히 보자'.

산소: 내면에 생명력을 불어넣는 일

산소는 숨입니다. 그러나 단순한 숨이 아니라 생기입니다. 정렬은 내면에 산소를 불어넣는 일입니다. 몸이 굶으면 쓰러지듯, 마음도 산소가 부족하면 꺼집니다. 의욕이 바닥나고, 말투가 거칠어지고, 사소한 일에 무너집니다. 그때 필요한 것은 '더 참아'가 아니라, 숨으로 다시 살아나는 것입니다.

그래서 산소를 공급하기 위한 호흡은 단순한 행위가 아니라, 정렬을 여는 통로가 됩니다. 한 번의 깊은 숨은 호흡을 넘어 내면의 순환을 회복하는 의식의 선언입니다. 숨을 들이쉴 때는 생명이 들어오고, 내쉴 때는 어제의 긴장이 흘러 나갑니다. 그 흐름 속에서 생명은 조용히, 그러나 분명하게 다시 깨어납니다. 생각을 설득하기 전에, 몸이 먼저 돌아옵니다.

이 책에서 제안하는 호흡은 이처럼 몸을 통해 마음을 정렬하는 루틴입니다. 그 방법은 다음 장에서 구체적으로 안내하겠습니다.

*한 줄 좌표: 생각을 설득하지 말고, 숨으로 먼저 돌리자.

🌑 환기: 낡은 해석을 바꾸는 숨

정렬은 내면을 환기시키는 일입니다. 방 안의 공기를 바꾸는 일이 아니라, 내면의 오래된 해석을 교체하는 일입니다. 여기서 말하는 환기의 '숨'은 호흡이 아니라 해석의 숨결입니다.

빛이 길을 비추고, 산소가 그 길을 갈 힘을 줄 때, 환기는 이 모든 것을 깨달음으로 묶어줍니다. 환기는 우리가 가진 다음과 같은 낡은 믿음의 먼지를 털어내는 새로운 바람입니다.

· 나는 원래 이런 사람이다

· 어차피 안 된다

· 나는 여기까지가 한계다

이 문장들은 사실이 아니라, 오래된 자기 해석일 수 있습니다. 환기는 그 먼지들을 털어내고, '내가 생각해 온 나'를 넘어 '진짜 나'를 마주하게 합니다. 삶의 풍파가 결을 흐트러뜨려도 가능성은 사라지지 않습니다. 깨달음의 바람은 다시 우리를 부릅니다.

정렬이란, 그 웅장한 기운으로 돌아가는 여정입니다. 그곳

은 새로움이 아니라 귀환의 자리이며, 우리가 태초부터 서 있
던 자리입니다. 빛으로 보고, 산소로 살고, 환기로 깨어나십
시오. 그때, 비로소 당신 안의 웅장한 생명은 다시 숨쉴 것입
니다.

6. 귀환: 돌아갈 수 있는 존재

 정렬의 이야기는 결국 한 지점을 향합니다. 흩어졌던 내가 다
시 돌아오는 것, 바로 귀환입니다.
 빛, 산소, 환기는 그저 기분을 달래주는 자연의 장식이 아닙니
다. 당신 안의 '살아 있음의 결'을 깨우는, 아주 구체적인 신호입
니다.
 이 책에서 말하는 빛은 지각입니다. 있는 그대로를 정확히 보
는 힘입니다. 산소는 숨입니다. 몸을 다시 살리는 회복의 힘입
니다. 환기는 해석입니다. 낡은 관점을 털어내고, 새 의미로 바
꾸는 힘입니다. 이 세 가지는 '당신은 원래 어디에 서 있어야 하

는가', 다시 말해 '어디로 돌아가야 하는가'를 알려주는 내면의 나침반입니다.

정렬은 '더 잘하자'가 아닙니다. 정렬은 '더 빨리 가자'도 아닙니다. 정렬은, 제자리로 돌아오는 귀환입니다. 당신이 돌아가야 할 곳은 결핍의 과거가 아닙니다. 후퇴도, 퇴보도 아닙니다. 당신이 돌아가려는 곳은 태어날 때부터 부여받았으나 살면서 잠시 잊어버린 자리, 무한한 잠재와 가능성으로 숨쉬는 당신의 근원, 비교와 평가 이전의 본질적 당신입니다.

그곳은 새로운 땅이 아니라, 언제나 그 자리에 있었던 '본래의 자리'입니다. 잃어버린 자신을 다시 찾고자 하는 그 그리움, 그 끌림이 바로 귀환의 본능입니다. 귀환은 과거로 도망치는 회피가 아닙니다. '원래 이런 나였어'라며 상처에 눌러앉는 항복도 아닙니다. 귀환은 세상이 씌운 이름과 점수를 잠시 내려놓고, 남의 서사를 대신 살아주던 자리에서 물러나, '나는 누구였지?'를 다시 묻는 선택입니다.

사람은 '싫은 자신'으로부터 벗어나고 싶어 합니다. 그러나 벗어남만으로는 충분치 않습니다. 돌아갈 좌표가 필요합니다. 그래서 질문은 이렇게 바뀝니다. '어디로 도망가야 할까?'가 아니라, '나는 어디로 돌아갈 것인가?'로 말입니다.

한 번의 각성으로 모든 것은 끝나지 않습니다. 우리는 다시 흐트러지고, 다시 잊습니다. 그래서 정렬은 완벽히 흐트러지지 않는 상태가 아니라, 흐트러졌다는 것을 알아차리고 다시 돌아오는 능력입니다. 그 알아차림이 바로 귀환의 시작입니다.

이 책이 다룰 것은 바로 그 힘입니다. 나를 잃어버리는 패턴을 보는 힘, 다시 돌아올 수 있다고 믿는 힘, 실제로 돌아오는 작은 선택을 반복하는 힘입니다. 정렬은 추상적인 각오가 아닙니다. 정렬은, 귀환을 반복할 수 있는 존재가 되는 것입니다.

*한 줄 좌표: 더 잘하려 하지 말고, 돌아오는 연습을 하자.

귀환의 자비

강한 사람은 무너지지 않는 사람이 아니라, 무너져도 돌아오는 사람입니다. 귀환의 자비란, 무너지지 않는 사람이 되려는 강박이 아니라, 무너져도 다시 돌아올 수 있는 존재임을 스스로에게 허락하는 힘입니다. 그래서 귀환은 스스로를 돌보는 가장 깊은 자비 행위가 됩니다. 스스로를 다그치며 '왜 이렇게밖에 못

사니'라고 몰아붙이는 대신 '흔들렸어도, 다시 돌아오면 된다'라고 허락하는 연습이기 때문입니다.

첫 연습은 단순합니다. 오늘 내가 돌아갈 문장 '한 줄'을 정하는 것입니다. 이는 내면에 빛을 들이는 의도로, 오늘 나를 부르는 좌표가 됩니다.

· 오늘 나는 고요에서 듣는 사람으로 산다.
· 오늘 나는 세상의 속도보다 내 결의 리듬을 따른다.
· 오늘 나는 중심에서 응답하겠다.

그 하나면 충분합니다. 그 문장이 오늘 하루, 나를 다시 불러옵니다.

정렬의 훈련: 날마다 결을 세우는 연습

인생은 결심만으로 바뀌지 않습니다. 돌아온 날이 쌓여 인생이 됩니다.

정렬의 힘은 저절로 자라지 않습니다. 귀환성을 몸에 새기는 구체적인 훈련이 필요합니다. 정렬은 싸움이 아닙니다. 거절보다 선택, 반박보다 귀환, 반사보다 응답하는 것입니다. 자극 앞에서 자동 반사로 튀어나가던 반응을 잠시 거두고, 내가 선택한 본질에 응답하는 힘입니다. 그 선택이 쌓이면 습관이 되고, 습관이 쌓이면 마침내 서사가 바뀝니다.

흔들리면, 알아차리고 돌아오면 됩니다. 세상이 덧씌워진 내가 아니라, 나의 본질 그게 전부이고, 그걸로 충분합니다. 당신이 매일 되돌아가는 방향이, 결국 당신 인생을 만듭니다.

1장에서 당신은 '삶은 속도의 문제가 아니라, 정렬의 문제'임을 깨달았고, '본질'로 돌아와야 할 이유와 '귀환성'이라는 지도를 손에 쥐었습니다. 하지만 앎은 울림일 뿐, 힘이 아닙니다. 결심은 각성일 뿐, 증명이 아닙니다.

이제 그 귀환성을 당신 몸에 새기는 구체적인 실천 방법인 '21일 정렬 셀프 여정'을 시작하겠습니다. 이를 통해 정렬·귀환의 구체적인 매뉴얼을 펼쳐 보겠습니다.

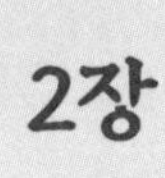

2장

21일의 정렬 셀프 여정:
'단 7일'이 만드는 첫 번째 기적

'오늘부터 진짜!'라고 매일 아침 결심하셨습니까? 바로 그 '결심'이 당신을 무너뜨린 범인입니다. 이 장은 '결심'을 가르치지 않습니다. '기술'을 훈련합니다.

셀프 여정은 혼자 가는 길이지만, 한 걸음 내디딜 때마다 당신의 능력과 가능성이 덧입혀지는 시간입니다. 이 21일은 누군가를 만족시키기 위한 훈련이 아니라, '나는 스스로를 다시 세울 수 있는 사람이다'라는 사실을 증명하는 가장 조용하면서도 가장 강력한 실험입니다.

"단 7일만 해보자." 가벼운 말처럼 보이지만, 이 말이 당신을 끝까지 이루게 할 것입니다. 우리는 평생 쌓아온 자동 반사 위에 있습니다. 하루아침에 바꾸려 하면 좌절만 남습니다. 그래서 여정을 다음과 같이 세 번의 7일로 쪼갰습니다. 작지만 실제로 작동하게 만들기 위해서입니다.

- 1단계(1~7일차): 고요한 만남(아침/저녁 3분 루틴)
- 2단계(8~14일차): 1분 멈춤(삶의 한복판에서 정렬)
- 3단계(15~21일차): 1분 관찰&귀환(패턴을 읽고 다시 선택)

이 장에서는 이 세 단계를 차례로 안내하여 작지만 실제로 작동하는 정렬 루틴을 함께 설계할 것입니다.

1. 왜 '7일'인가?

7일월요일~일요일은 습관이 '완성'되는 마법의 숫자가 아닙니다. 7일은 당신의 뇌심리와 생활주기, 그리고 영성·상징이 하나의 '체험'을 안성하기에 적합한 '첫 번째 주기'입니다.

· **심리**: 7일은 새로운 시도에 대한 저항이 비교적 낮은 실험 주기입니다. 너무 길어 포기하게 만들지도 않고, 너무 짧아 무의미하지도 않은 '나도

할 수 있다'의 문턱입니다.

· **생활 리듬:** 7일은 당신 삶의 리듬과 정확히 일치합니다. 출근하는 날과 쉬는 날을 포함하여 무리 없이 루틴을 점검할 수 있는 최소 단위입니다.

· **영성·상징:** 7일은 '보이지 않는 지성'이 혼돈 속에서 질서를 창조해낸 '결'입니다. 당신의 엉킨 삶을 질서로 재배열하는 첫 번째 창조 주기입니다. '한 번 완주했다'는 감각을 내면에 남기는 상징적 단위입니다.

이 7일은 '완벽'을 위한 시간이 아닙니다. 흔들려도 다시 돌아오는 능력, '귀환성'을 연습하는 시간입니다. 이제 중요한 건 '의욕'이 아니라 '작동 원리'입니다. 왜 짧은 루틴이 실제로 효과를 내는지 알아보겠습니다.

2. 왜 이 짧은 루틴이 실제로 작동하는가?

이 21일 여정에서 제안하는 아침·저녁 3분, 1분 멈춤, 정렬 문장은 감정을 달래는 기분 전환용 루틴이 아닙니다. 뇌와 신경계, 주의와 기억 체계가 작동하는 방식에 맞춰 설계되었습니다.

· 호흡: 몸을 먼저 '위협 모드'에서 꺼냅니다.

길게 내쉬는 호기呼氣는 미주신경계를 자극해 심박과 호흡 리듬을 낮추고 자율신경계를 안정 상태로 되돌립니다. 그 짧은 조정만으로도 몸은 위협 모드에서 빠져나올 여지를 얻고, 생각하고 선택할 여유가 생깁니다.

· 한 줄 문장: 주의의 방향을 재설정합니다.

'내가 나에게 하는 말'은 단순한 자기 암시가 아니라 주의의 방향키입니다. 반복되는 1인칭 문장은 주의-평가-기억의 루프를 조금씩 바꿔, 같은 상황에서도 다른 의미와 다른 행동을 꺼내게 합니다.

· 아침과 저녁의 타이밍: 입력과 저장의 시간대입니다.

아침 직후는 하루의 첫 결이 만들어지는 시간입니다. 그 결이 하루를 끌고 갑니다. 잠들기 전은 하루의 경험이 정리되고 저장되는 시간입니다. 이때 떠올린 한 줄이 다음 날의 개연성을 만듭니다.

세 가지를 합치면 결론은 하나입니다. 인생은 길게 붙잡는 사람이 아니라, 정확히 누르는 사람이 바꾼다는 것입니다. 하루가 무너지는 건 큰 사건 때문이 아니라 대부분은 '자동 반사' 때문입니다. 말이 먼저 나가고, 표정이 굳고, 관계가 틀어지는 그 짧은 순간에 무너집니다.

그 순간은 짧지만 바꿀 수 있습니다. 예를 들어 회의 중에 숨을 한 번 길게 내쉬는 순간, 그 '1초'가 자동 반사를 멈추게 합니다. 짧지만 올바른 지점을 누르면, 정렬 루프는 다시 돌아가기 시작합니다.

자, 이제 시작해 봅시다. 첫 번째 7일, '고요한 만남'을.

3. 1단계(첫 번째 7일): 고요한 만남, 내면의 결 세우기

첫 7일의 미션은 '고요한 만남'입니다. 우리는 하루에도 몇 번씩 나를 잃습니다. 세상의 소음에 끌려다니고 수많은 자극에 흔들리다 보면, 정작 '나'를 단 한 번도 만나지 못한 채 하루가 끝나기도 합니다. 그래서 아침이 중요합니다. 눈을 뜨는 순간, 하루의 첫 결을 누구의 것으로 시작할 것인가. 그 선택이 하루 전체를 끌고 갑니다.

고요한 만남은 하루 중 가장 맑은 시간에 나와 마주 앉는 작고 단단한 의식입니다. 흘러가는 시간을 잠깐 붙잡아, 그 안에 나를 다시 새기는 '의도'입니다. 그리고 이때의 호흡은 단순한 숨이 아닙니다. 내 안과 밖을 오가며 흐트러진 결을 다시 세우는 숨결이 됩니다.

고요한 만남은 거창한 수행이 아닙니다. 아침과 저녁, 하루의 시작과 끝에서 나를 다시 내 자리로 데려오는 작은 의식입니다. 하루를 '버티는 사람'이 아니라, '결을 세우는 사람'으로 데려오기 위한 첫 번째 장치입니다. 그래서 첫 7일의 미션을 '고요한 만남'으로 잡았습니다.

고요 속에서는 짧은 3분도 정렬이 됩니다. 고요 속에서는 시간이 길이로 남지 않습니다. 3분도 '만남'이 됩니다. 특히 아침 직후와 잠들기 전은 뇌의 비판적 필터가 상대적으로 느슨해지는 시간대입니다. 같은 문장도 더 쉽게 스며들고, 같은 호흡도 더 빨리 몸에 남습니다. 그래서 우리는 '긴 시간'이 아니라 '잘 스며드는 시간'을 선택합니다. 이 책에서는 그 시간을 '금쪽 같은 3분'이라고 부릅니다.

자, 이제 그 3분을 어떻게 쓰는지 구체적으로 안내하겠습니다.

⬤ 아침·저녁 금쪽 3분: 한눈에 보기

아침 3분 | 정렬	저녁 3분 | 귀환
1. 자리 잡기	1. 오늘의 증거 1개 찾기
2. 정렬 호흡	2. 자리 잡기
3. 주의 머물기– 세 지점에 머물기	3. 정렬 호흡
4. 정렬 문장–'단 한 줄'	4. 정렬 문장(단 한 줄)
5. 미세한 선택 하나	5. 고요한 잠으로 스며들기

아침은 하루의 첫 결을 세우는 시간입니다. 저녁은 흩어진 나를 본질로 귀환시키는 시간입니다. 다음 순서대로만 따라오면 됩니다.

■ 금쪽 3분 루틴: 아침 정렬

◉ 1단계. 자리 잡기

· 눈을 감습니다.

· 한 손은 아랫배에, 한 손은 가슴 위에 둡니다.

· 턱과 어깨의 긴장을 알아차린 뒤, 숨을 한 번 '후~' 내쉬며 내
려놓습니다.

· 지금 이 순간, '나를 위한 공간이 열리고' 있습니다.

⊙ 2단계. 정렬 호흡: 내면에 산소 불어넣기

· 이 호흡은 감정을 설득하지 않습니다.

· 신경계를 먼저 낮춥니다.

· 코로 6초 숨을 들이마십니다.

· 숨을 3초 멈추었다가 12초 길게 내쉽니다.

· 이때 떠오르는 감정과 생각은 밀어내지도, 붙잡지도 않습니
다. 그냥 지나가게 놔둡니다. 호흡만 따라가면 됩니다. 들숨과
날숨이 오가며 흩어진 마음이 한 줄로 정리됩니다

※ 답답하면 4-2-8로 줄여도 괜찮습니다. 중요한 것은 날숨을 더 길게 하는 것
입니다.

⊙ 3단계. 주의 머물기: 세 지점에 머물기

· 코끝, 가슴, 아랫배. 호흡을 따라 순서대로 주의를 둡니다.

· 특별한 감각을 찾지 않아도 괜찮습니다. 존재하는 것 자체로

충분합니다.

· 느끼지 않아도 머무름 자체가 결을 세웁니다.

◉ 4단계. 정렬 문장 울리기: '단 한 줄'

· 내면에 생기를 주는 단 한 줄. 그 문장을 세 번, 조용히 속삭입니다.

· 그 문장이 울림이 되어 온몸과 마음에 퍼져 나갑니다.

· 그 문장은 목표가 아닙니다. 나를 정렬된 결로 다시 이끄는 좌표가 됩니다.

※ 지금 이 문장들 중 가슴에 울리는 것이 없다면, 책 뒷면의 '부록: 정렬 문장 라이브러리'에서 당신만의 단어들을 탐색해 보십시오.

✓ 나는 이 세상에 하나밖에 없는 고유한 존재다.

✓ 나는 이 감정보다 크다.

✓ 나는 충분하다.

◉ 5단계. 미세한 선택 하나

· 눈을 뜨며 마음속으로 작은 행동 하나를 고릅니다.

※ 예: 물 한 컵을 천천히 마시기/창밖 하늘을 10초 바라보기/자신에게 조

용히 '괜찮아'라고 말해주기/거울 앞 자신에게 '화이팅'하기/자신을 보며

미소 짓기

그 어떤 위대한 하루도 이 작은 의도에서 시작됩니다. 이것이 아침의 정렬과 삶을 연결하는 다리가 됩니다.

아침 정렬 3분을 알아보았으니 이제 저녁 귀환 3분에 대해 알아보겠습니다.

■ 금쪽 3분 루틴: 저녁 귀환

⊙ 1단계. 오늘의 증거 1개 찾기

· 당신이 본질로 돌아오려 했던 흔적을 하나만 찾으면 됩니다. 작아도 됩니다. 오히려 작을수록 진짜입니다.

· 오늘 떠오르는 증거가 없다면 이렇게 선언하십시오. "지금 돌아온 내가 증거입니다"라고요.

※ 지켜야 할 3원칙: 비교 금지, 채점 금지, 부정 금지

⊙ 2단계. 자리 잡기

· 눈을 감습니다. 편한 자세로 앉거나 누워도 됩니다.

· 숨을 한 번 '후~' 하고 내쉬며 오늘의 모든 피로와 긴장을 내려놓습니다.

· 지금 이 순간, 당신을 본질로 데려오는 자리가 열립니다.

⊙ 3단계. 정렬 호흡: 호흡에 실어 보내기

· 코로 숨을 6초 들이마십니다.

· 숨을 3초 멈춥니다.

· 숨을 12초 길게 내쉽니다.

· 이 과정을 3~4회 반복합니다.

· 떠오르는 생각과 감정은 밀어내지도, 붙잡지도 않습니다. 지나가게 놔둡니다.

※ 답답하면 4-2-8로 줄여도 괜찮습니다. 핵심은 날숨을 더 길게 하는 것입니다.

⊙ 4단계. 정렬 문장 다시 울리기(목적: 본질 확인)

· 아침에 울렸던 문장, 혹은 지금 필요한 문장 단 한 줄을 고릅니다.

· 그 문장을 세 번, 조용히 속삭입니다.

· 이 문장은 목표가 아니라 귀환의 좌표입니다.

✓ 나는 이 세상에 하나밖에 없는 고유한 존재다.

✓ 나는 이 감정보다 크다.

✓ 나는 충분하다.

⊙ 5단계. 고요한 잠으로 스며들기

· 자신에게 조용히 '오늘도 수고했어'라고 말해줍니다.

· 문장을 되뇌다가 그대로 잠들어도 괜찮습니다.

· 그 울림이야말로 무의식으로 스며드는 가장 자연스러운 귀환입니다.

첫 번째 7일의 '고요한 만남'을 마친 것을 축하합니다. 당신은 하루의 시작과 끝을 '본질'로 되돌리는, 작지만 가장 단단한 첫 번째 기적을 완성했습니다. 완벽했기 때문이 아닙니다. 다시 돌아왔기 때문입니다. 잊어버린 날이 있었어도 괜찮습니다. '다시 돌아온 것'만으로도 당신은 이미 승리했습니다.

이제 그 '정렬의 체력'을 가지고, 삶의 현장에서 중심을 잡는 두 번째 7일로 나아갑니다. 변화는 거대한 결심이 아니라, 단 한 번의 귀환에서 시작됩니다.

4. 2단계(두 번째 7일): 1분 멈춤, 내면의 커피 타임

첫 7일의 성취감을 맛본 당신은 이제 두 번째 7일의 미션을 시작합니다. '아침/저녁 3분 루틴'이 정렬의 공간을 확보하는 훈련이었다면, 이번 7일은 삶의 한복판에서 정렬 근육을 만드는 훈련입니다.

정렬이 아직 자동 루틴이 된 것은 아닙니다. 뇌는 의도적인 반복을 통해서만 새로운 습관 경로를 만듭니다신경가소성. 그러나 분주한 일상 속에서 우리는 이 '의도'를 너무 쉽게 잊습니다. 또한 3단계 '흔들리는 순간을 알아차리는 것'은 아직 이릅니다.

그래서 2단계의 핵심은 알람 기반의 의도적 멈춤으로, '의도'가 실제 생활에 개입하는 첫 훈련을 시작하는 데 있습니다. 이는 잊어버리지 않기 위한 가장 현실적인 뇌과학적 전략입니다.

두 번째 7일 동안에도 1단계의 '아침/저녁 3분 루틴'은 계속 유지합니다. 그리고 하루에 두 번예: 오전 10시, 오후 3시 시간을 정해 알람을 맞추고, '의도적 멈춤'을 1분간 실행합니다. 그 1분이 당신을 세웁니다.

■ 1분 멈춤 루틴: 내면의 커피 타임

⊙ 1단계. 알람&멈춤(5초)

· 알람이 울리면 하던 일을 잠시 멈춥니다.

· 화장실에 가도 좋고, 그 자리에 앉은 채여도 괜찮습니다.

· 눈을 감거나, 시선을 한 곳에 고정합니다.

⊙ 2단계. 호흡&문장(50초)

· 숨을 6초 들이쉽니다.

· 숨을 3초 멈춥니다.

· 숨을 12초 길게 내쉽니다.

· 이 과정을 3~4회 반복합니다.

· 동시에 당신의 '정렬 문장' 하나를 호흡과 함께 되새깁니다.

✓ 나는 이 세상에 하나밖에 없는 고유한 존재다.

✓ 나는 이 감정보다 크다.

✓ 나는 충만하다.

✓ 나는 충분하다.

✓ 나는 내 중심에 선다.

⊙ 3단계. 재시작(5초)

· 어깨를 한 번 올렸다가 툭 내려놓으며, 숨을 길게 한 번 내쉽
  니다.
· 시선을 정면으로 돌리고, 다시 일상으로 돌아갑니다.
· 이것이 하루의 소음 속에 '결'을 다시 새기는 의도적 노력입니다.

두 번째 7일의 '의도적 멈춤'을 해낸 것을 축하합니다. 당신은 이제 아침/저녁뿐 아니라, 삶의 한복판에서도 의도적으로 중심을 잡는 근육을 손에 넣었습니다. '정렬'을 자동 루틴으로 만드는 위대한 첫걸음을 뗐습니다.

이제 그 '정렬 근육'을 가지고, 마침내 '흔들리는 순간'을 알아차리는 세 번째 7일로 나아갑니다. 중요한 것은 지능이 아니라, 오늘의 1분입니다. 그리고 이제 그 1분은 한 단계 더 깊어집니다.

2단계에서는 알람이 당신을 멈추게 했습니다. 3단계에서는 흔들림이 알람이 됩니다. 같은 1분이지만, 이제는 '멈춤'에서 끝나지 않습니다. 알아차림과 관찰로 들어가고, 관찰은 곧 귀환으로 이어집니다. 삶의 한복판에서, 자동 반사보다 먼저 당신이 깨어

나는 훈련이 시작됩니다.

5. 3단계(세 번째 7일): 1분 관찰&귀환, 정렬의 순발력 기르기

두 번의 7일을 통과한 당신은 이제 '21일 정렬 셀프 여정'의 마지막 7일에 들어갑니다. 아침과 저녁에는 돌아올 수 있습니다. 외부 자극이 비교적 줄어들고, 내가 의도적으로 '멈춤'을 선택할 수 있는 시간이기 때문입니다. 하루의 시작과 끝에는 아직 내가 나를 붙잡을 여지가 남아 있습니다.

문제는 세상의 속도에 맞춰 바쁘게 움직이는 시간들입니다. 회의실에서, 카톡 한 줄에서, 아이의 한마디에서, 내 머릿속의 한 생각에서 우리는 무너집니다. 그때 작동하는 것은 의지가 아니라 자동 반사와 무의식적 패턴입니다. 그래서 마지막 7일은 '관찰과 귀환'입니다. 흔들림을 빠르게 알아차리고, 반사하기 전에 '자기 관찰'을 통해 돌아오는 훈련입니다.

1단계에서 당신은 정렬의 공간을 확보했습니다. 2단계에서 당신은 정렬의 근육을 만들었습니다. 3단계에서 당신은 정렬의 순발력을 기릅니다. 여기서 말하는 '순발력'은 빠른 행동이 아닙니다. 흔들림을 알아차리는 속도입니다. 불안과 두려움이 운전대를 잡기 전에, 내가 먼저 '아, 지금이구나!'를 포착합니다. 이 포착이 시작되는 순간, 자동 반사가 아니라 '귀환'을 선택합니다.

'라벨링감정에 이름 붙이기→호흡→재선택'의 흐름은, 흔들림이 커지기 전에 뇌의 경로를 바꿔주는 간단한 개입입니다. 감정에 이름을 붙이는 순간, 반응의 속도가 늦어집니다. 감정은 더 이상 나를 삼키는 덩어리가 아니라, 내가 바라볼 수 있는 정보가 됩니다.

그다음에 호흡으로 들어갑니다. 길게 내쉬는 숨은 신경계를 낮추는 가장 빠른 스위치입니다. 흥분이 가라앉으면, 선택할 공간이 생깁니다. 그리고 마지막이 재선택입니다.

전전두엽이 다시 운전대를 잡으면, 우리는 반사가 아니라 응답을 시작합니다. 관찰은 판단이 아닙니다. 관찰은 귀환을 여는 문입니다.

길은 두 가지입니다. 하나는 현장에서 바로 돌아오는 길입니다. 다른 하나는 알람으로 관찰을 훈련하는 길입니다. 마지막 7일 동안 1단계와 2단계를 유지하면서, 아래 둘 중 하나를 하루 한 번 이상 실행합니다. 그리고 마지막 7일 동안에는 1, 2단계의 루틴을 유지하면서, 아래 두 훈련 중 자신에게 맞는 것을 하루 한 번 이상 실행합니다.

아직 흔들림을 알아차리기 전이라면 훈련 B로 근육을 먼저 키우십시오.

■ 훈련A: 1분 귀환 루틴(흔들림을 알아차린 순간)

'아, 지금 흔들리는구나.' 이 한마디가 떠오르는 순간, 즉시 루틴을 시작합니다.

⊙ 1단계. 멈춤: 알아차림의 틈(10초)

· '나는 흔들림을 봅니다.' 속으로 이 한마디만 말해도 성공입니다. 왜냐하면 이 순간, 당신은 흔들림 속에 머무는 것이 아니라 흔들림을 바라보는 자리로 이동하기 때문입니다. 그 말을 하는 순간 생각 안에 잠식되는 대신, 생각에서 한 발 빠져나와 바라보는 상태가 됩니다.

· 그리고 바로 멈춥니다. 말을 멈추고, 손을 멈춥니다.

· 이 10초가 '자기 관찰'의 첫 승리이자, 반응을 끊는 의식의 순간입니다.

⊙ 2단계. 호흡: 산소 불어넣기(30초)

· 숨을 6초 들이쉽니다.

· 숨을 3초 멈춥니다.

· 숨을 12 초 길게 내쉽니다.

· 이 과정을 3번 반복합니다.

· 이 호흡은 감정을 설득하지 않습니다. 신경계를 먼저 낮춥
니다.

⊙ 3단계. 귀환: 문장 하나, 단어 하나(20초)

· 나는 이 감정보다 크다', '나는 이 생각보다 크다' 혹은
'고요', '선택', '중심'이라는 문장이 내 안에서 울리도록
허용합니다.

· 그 순간, 반응은 잦아들고 당신은 다시 운전대를 잡습
니다.

■ 훈련B: 1분 관찰 루틴(아직 알아차림이 어려울 때)

'알아차림'이 어렵다면, 2단계의 '1분 멈춤'을 이 루틴으로 심화

시킵니다.

⊙ 1단계. 알람&멈춤(5초)

· 알람이 울리면 하던 일을 잠시 멈추고 눈을 감습니다.

⊙ 2단계. 호흡&관찰(50초)

· 이번에는 '정렬 문장' 대신, 다음과 같이 '지금 여기의 나'를
  관찰합니다.

✓ 지금 내 감정은 어떻습니까?(들뜸/지루함/불안/무감각)

✓ 지금 내 몸은 어떻습니까?(어깨, 턱, 가슴, 배의 긴장)

✓ 지금 내 생각은 어디로 가 있습니까?(미래 걱정/과거 후회/비교/
  자책)

· 좋으면 좋은 대로, 싫으면 싫은 대로 그저 알아차립니다.
· 이러한 관찰은 무의식적 패턴에서 '나'에게로 돌아오는 가장
  강력한 훈련입니다.

⊙ 3단계. 재시작(5초)

· 어깨를 한 번 올렸다가 툭 내려놓으며 숨을 길게 한 번 내쉽
  니다.
· 시선을 정면으로 돌리고, 다시 일상으로 돌아갑니다.

  세 번째 7일, '관찰과 귀환'의 첫걸음을 뗀 것을 축하합니다. 삶
의 현장에서 흔들림을 알아차렸거나, 의도적으로 멈추어 자신
을 관찰했다면, 당신은 이미 '반사'가 아니라 '응답'을 시작한 것
입니다. 이것이 바로 정렬의 순발력입니다. 이처럼 '알아차림'은
'판단'이 아니라, '귀환의 문'입니다.

6. 21일, 첫 번째 여정을 마치며

  21일간의 정렬 셀프 여정 완주를 축하합니다. 당신은 단 7일의
작은 승리를 세 번 반복하며 정렬의 기초 체력이라는 첫 번째 기
적을 완성했습니다. 여기서 당신이 얻은 보상은 결심이 아니라
귀환의 루프입니다. 의지가 꺼져도 당신을 다시 본질로 데려오
는 길이 생겼습니다. 당신은 이미 스스로에게 증명했습니다. '나

는 무너져도, 다시 돌아올 수 있는 사람이다'라는 것을요.

반복 행동이 자동화로 굳어지기까지 걸리는 시간은 사람마다 다릅니다. 그러나 여러 연구들은 공통적으로 말합니다. "습관은 며칠로 끝나지 않고, 몇 주에서 수십 일의 반복을 요한다." 특히 일과 휴식이 섞인 현실의 리듬 속에서, 매일 짧게라도 실행한 루틴은 다음 행동을 더 쉽게 만듭니다. 저항이 줄어들수록, 다시 하기가 쉬워집니다.

한 연구에서는 새로운 습관이 자동화에 이르기까지 걸리는 평균 시간이 약 66일로 관찰되었습니다. 그래서 우리의 21일은 '완성'이 아니라 '시동'입니다. 정렬의 기초 체력을 만들고, 귀환성을 몸으로 확인한 첫 구간입니다.

이제 실제 이야기를 통해, 당신의 21일이 무엇을 의미하는지 더 분명하게 확인해 보겠습니다.

사례1. 늘 피곤했던 워킹맘의 21일

아침마다 허리가 낧어질 듯 피곤했고, 출근 준비를 하며 아이들에게 이유 없이 짜증을 내던 한 엄마가 있었습니다. 그녀는 거창한 목표 대신, 단 두 가지만 선택했습니다. 아침 3분 정렬 호흡과 "나는 사랑으로 말한다"라는 정렬 문장 한 줄이 그것입니다.

처음 5일은 거의 변화를 느끼지 못했습니다. 짜증이 습관처럼 올라왔고, 퇴근 후에는 여전히 녹초가 되었습니다. 그런데 10일쯤 지나자, 아이에게 소리를 지르기 직전 숨을 한 번 고르는 순간이 생겼습니다.

15일째, 그녀는 퇴근 후 바로 소파에 쓰러지는 대신 아이와 눈을 맞추며 5분 동안 대화를 나누었습니다. 삶은 여전히 바빴고, 완벽해지지 않았습니다. 하지만 그녀는 분명히 알았습니다. '나는 짜증뿐인 사람이 아니라, 다시 선택할 수 있는 사람이다.' 그 깨달음이, 그녀의 정렬이었습니다.

사례2. 비교에 지치던 30대 직장인의 1분 멈춤

동료들의 승진 소식이 들릴 때마다 가슴이 무너져 내리던 30대 직장인이 있었습니다. 그는 2단계에서 이렇게 결심했습니다. '질투와 비교가 치솟을 때마다, 1분 멈춤을 하겠다.'

또 한 번 누군가의 승진 소식을 들은 날, 그는 조용히 자리에서 일어나 화장실로 갔습니다. 그리고 1분 동안 숨을 고른 후 속으로 되뇌었습니다. '나는 남의 점수표가 아니라, 나의 결을 세우는 사람이다.'

단 한 번의 1분이 인생을 드라마처럼 바꾸지는 않았습니다. 그러나 그날 그는 처음으로 자동 반사에 끌려가지 않고, 자기편에 서는 선택을 했습니다. 그 1분이 그의 내면에 새로운 앵커가 되었습니다. 그리고 비교의 파도가 밀려올 때마다, 그는 그 앵커를 기억하며 다시 돌아올 수 있었습니다.

이제 당신의 21일을 간단히 점검해 봅시다. 완벽했는지는 별로 중요하지 않습니다. 우리가 확인할 것은 하나입니다. '다시 돌아온 날이 있었는가'입니다. 아래 항목 중 절반 이상에 "적어도 몇 번은 해봤습니다"라고 답할 수 있다면, 당신은 이미 정렬의 근육을 만들기 시작한 것입니다.

☐ 아침에 3분 정렬 호흡을 시도해 본 날이 있다.

☐ 오늘의 정렬 문장(나를 부르는 한 줄)을 떠올린 날이 있다.

☐ (2단계 이후) 하루 한 번 이상 1분 멈춤을 실행해 본 날이 있다.

☐ (3단계 이후) 자동 반사 패턴 하나를 포착하고, 그 자리에서 다른 문장/
   반응을 선택해 본 경험이 있다.

☐ 잠들기 전, 귀환의 순간 1개와 감사 1개를 떠올리거나 적어본 날이 있다.

☐ 망친 날, '그래도 다시 시작할 수 있다'고 스스로에게 말해본 적이 있다.

마지막 줄에는 이렇게 적어둡니다. "나는 완벽해서가 아니라, 돌아올 수 있어서 성장합니다." 그 문장이 당신의 정렬 여정을 '끝'이 아니라 '시작'으로 만듭니다.

이제 2부를 시작할 시간입니다. 당신은 21일간 정렬의 기초 체력을 길렀고, 귀환의 길을 냈습니다. 이제 2부에서는 왜 이 짧은 루틴이 거대한 현실을 움직이는지, 'D·R·C-모델'을 만날 차례입니다. 깨달음은 각성일 뿐이지만, 실천은 증명이 됩니다. 당신은 이미 당신 삶으로 그 증명을 시작했습니다.

정렬은 시작입니다. 귀환은 기술입니다. 창조는 그 자연스러운 결과입니다.

2부

왜
통하는가 -
D·R·C 모델

당신은 '열쇠(정렬)'를 손에 쥐었습니다.
하지만 당신을 가둔 '새장'의 정체는 아직 다 알지 못합니다.
2부는 그 감옥의 구조를 해독하고,
'나맘'의 실재적 원리인 'D·R·C 모델'을 관통합니다.

해질녘 마음챙김 중

3장

나맘 사전: 창조의 언어를 정의한다

이 책은 우리가 익숙하게 쓰던 단어들에, 조금 다른 깊이를 부여합니다. 과학과 심리학에서 빌린 표현도 있지만, 이 책은 '현상 설명'에서 멈추지 않습니다. 그 단어들이 당신의 내면을 깨우고, 삶을 다시 설계하도록 쓰이기 때문입니다. 그래서 이 사전은 딱딱한 정의가 아니라, 당신에게 건네는 울림의 지도가 될 것입니다.

여기서 쓰는 언어는 문자 그대로의 학술 용어가 아니라, 변화를 돕는 관점이자 은유입니다. 이제 당신은 '결', '심지', '정렬', '새기다', '먼저 보다' 등 이 책에 등장하는 언어들을 손에 쥐게 될 것입니다. 이 언어는 새장을 해체하고, 창조를 구현하는 출발점이 됩니다.

<핵심 용어 정리>

· **결:** 눈에 보이지 않지만 느껴지는 존재의 고유한 에너지 무늬이자 상태. 나무의 결처럼, 자신의 '주의 방향'과 마음 상태의 조합으로 드러나는 내면의 결. 모두 본질적 자아와 다시 맞춰지는 정렬의 다른 얼굴로 사용.

· **고요한 만남:** '금쪽같은 3분' 동안 행하는, 본질적 자아와 의식적으로 만나는 소중한 시간 또는 행위. 주로 '정렬 호흡'을 통해 이루어지며, 거창한 의례가 아닌 매일의 조용하고 친밀한 자기 돌봄의 시간.

· **공명:** 내면 '결'과 비슷한 성질을 가진 외부의 현실사람, 사건, 기회을 자연스럽게 끌어당기고 경험하게 되는 원리. 내 안의 '결'이 세상에 보내는 초대에 대한 응답과 같은 상호작용을 의미하는 은유.

· **귀환:** 흔들림을 알아차린 즉시 본래의 본질적 자리로 돌아가는 힘. 삶의 파도에 함몰되지 않고, 본연의 존재 상태를 회복하는 창조자의 핵심 기술이자 실력.

· **금쪽같은 3분:** 잠에서 막 깨어난 직후와 잠들기 바로 직전, 내면 가장 깊은 곳과 연결되기 쉬운 특별한 시간대. 하루의 '결'을 새롭게 설정하기에 가장 좋은 소중한 시간.

· **높아진 마음:** '분명한 의도'와 '고양된 감정'이 결합되어 창조적 임계점에 도달한 상태. 과거의 습관적인 반응이나 결핍의 주파수에서 벗어나, 내가 의식적으로 선택한 미래의 상태에 지금 머물기로 결정한 내면의 결. 단순히 기분이 좋은 상태를 넘어, 목표 감정에 미리 올라타 창조의 에너지를 현실로 불러오는 '점화된 마음'을 뜻함.

· **먼저 보다:** 단순한 시각화를 넘어, 내 안에 이미 내장된 무한한 잠재능력과 창조적 가능성을 '보이지 않는 지성' 안에서 미리 발견하는 지각 행위. 미래의 어느 날을 꿈꾸는 것이 아니라, '이미 내 안에 완성되어 있는 최선의 나'를 견고한 확실성 속에서 먼저 마주하고 느끼는 창조의 시작점.

· **보이지 않는 지성:** 우주와 생명 전체에 스며 있는 근원적인 지혜이자 힘. 우리가 정렬을 통해 연결되고자 하는 무한한 가능성의 원천. 인격적 존재로서 '신God'을 가리키며 창조의 근원.

· **본질적 자아:** 겉역할과 성취, 타인의 기대를 모두 벗겨냈을 때 남는 '원래의 나'. 비교와 경쟁 이전에 이미 부여된 존재의 설계도이자, 창조자의 형상을 닮은 나의 근원적 얼굴. 본질적 자아는 '누구로 서 있느냐'로 자신을 증명.

· **새기다:** 단순한 '쓰기'가 아님. '정렬'과 '말의 언어'를 사용하여 낡은 '정체성 루프'를 해독하고, 새로운 '결'을 우리의 뇌, 마음, 영혼, 심지어 '세포'에까지 각인하는 재정렬 작업.

· **숨:** 단순한 호흡 작용을 넘어, 생각과 감정의 파도 속에서 의식적으로 마련하는 고요한 멈춤의 공간. 외부 자극과 나의 반응 사이에 끼어들어 선택의 여지를 만드는 틈이자, '정렬'로 돌아오기 위한 가장 기본적인 닻.

· **심지:** 단순한 '믿음'을 넘어, '아는 힘사랑'이 쌓여 만들어진 '흔들리지 않는 지각'이자 '견고한 확실성'. '정렬'을 통해 세우고 '높아진 마음'으로 '불을 붙이는' 내면 창조의 중심축.

· **윤슬:** 빛·산소·환기와 정렬된 존재가, 보이지 않는 지성의 빛을 받아 발

하는 소유가 아닌 존재 자체의 빛. 물존재은 스스로 빛나지 못하지만, 1장의 세 축인 빛보이지 않는 지성·산소생명력·바람환기과 정렬될 때 비로소 찬란하게 반짝이는 '결의 상태'이며, 나의 결로 타인까지 빛나게 하는 궁극의 창조적 선한 영향력.

· **진달래:** 혹독한 겨울과 얼어붙은 땅을 뚫고 마침내 꽃을 피워내는 생명력. '새장'에 갇힌 낡은 해석을 이겨내고, '본질적 자아'로 반드시 피어난다는 강인한 생명력과 희망의 상징.

· **정렬:** 본질적 자아와 다시 한 줄로 서는 존재의 자세. 영Spirit, 마음Mind, 몸Body을 하나로 일치시키는 상태이며, 세상의 소음에 흩어졌던 에너지를 보이지 않는 지성과 의도적으로 수렴시키는 능동적인 조율.

· **파동:** 모든 존재는 고정된 실체가 아니라 끊임없이 미세하게 떨리고 움직이는 에너지의 흐름이라는 관점. 우리의 생각, 감정, 존재 자체가 보이지 않는 파농을 만들이내며 세산과 상호작용한다는 은유.

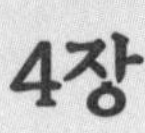

4장

C(Create): 당신은 원래 창조자였다

당신은 이제 '결', '심지', '정렬', '보이지 않는 지성' 등 '창조의 언어'를 손에 쥐었습니다. 그렇다면 이 언어로 가장 먼저 무엇을 확인해야 할까요. 많은 사람은 변화의 출발점을 문제에서 찾습니다. 그래서 '무엇이 잘못되었나?'라는 질문부터 꺼냅니다. 하지만 이 책은 그 순서를 조금 다르게 잡습니다.

아마 당신 마음속에 이런 질문이 떠오른 적이 있을 것입니다. '이게 정말 내 삶의 전부일까?' 만약 '더 나은 나'를 향한 설명하기 어려운 깊은 갈망을 느꼈다면, 그것은 당신의 본질이 보내는 신호일 것입니다. 지금의 현실을 넘어서는 가능성이 당신에게 있다는 강력한 신호 말입니다.

우리는 2부에서 '정렬'의 근원적 원리인 '나맘 D-R-C 모델'을 펼칠 것입니다. 그런데 이 설계도의 첫 장은 '해독Decode'이나 '재설계Recode'가 아닙니다. 바로 '창조Create'입니다. 우리는 '무엇이 문제인가?'라는 낡은 질문 대신, '당신은 이미 누구인가?'라는 선언으로 시작할 것입니다.

1. 당신은 존재만으로도 가치 있다

우리는 종종 역할, 성과, 타인의 인정으로 자기 가치를 확인하려 합니다. 그러나 그런 기준을 잠시 내려놓고 '있는 그대로의 나'를 바라보면, 이미 당신에게는 존재만으로도 가치가 있다는 충분한 증거들이 존재합니다.

당신 몸이 대표적입니다. 당신이 의식하지 못하는 순간에도 수많은 세포는 스스로 회복하고, 심장은 살아 있으려는 리듬을 멈추지 않습니다. 마음도 마찬가지입니다. 당신은 수없이 무너졌지만, 그럼에도 다시 사랑하고, 다시 일어나고, 다시 꿈꾸어 왔습니다.

멈추지 않는 회복, 끊어지지 않는 생명, 스스로를 일으키는 힘은 단순한 생존을 넘어섭니다. 그것은 당신 안에 이미 내장된

'창조의 코드'에 가깝습니다. 다만 우리는 그 코드를 삶에서 잘 쓰지 못해 왔습니다. 그래서 '내가 창조자라면, 왜 내 삶은 이렇게 버거운가'라는 의심이 자연스럽게 따라옵니다.

2. 왜 새장은 보이는데, 날개는 보이지 않는가?

우리는 오랫동안 '원래 나는 이런 사람'이라는 낡은 해석을 사실처럼 붙들고 살아왔습니다. 그 해석은 감옥이 되었고, 우리는 그 안에서 스스로를 제한했습니다. 새장은 해석이 만든 구조라 눈에 잘 띕니다. 반면 날개는 본질에 가까워서, 고요 속에서야 비로소 감각됩니다. 결핍과 두려움의 언어로 세계를 읽을수록 눈앞에는 창살이 먼저 나타납니다.

이제 시선을 조금 바꿀 시간입니다. 당신은 세상의 기준에 반응만 하도록 만들어진 존재가 아닙니다. 당신 안에 있는 창조의 코드는 아직 꺼지지 않았고, 다만 잊혀졌을 뿐입니다.

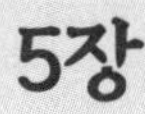

D(Decode): 새장은 원래 없었다

앞에서 '당신은 원래 창조자'라는 존재의 진실과 마주했습니다. 그렇다면 이제, 이 거대한 모순을 정면으로 바라볼 시간입니다.

1. 창조자인 나는, 왜 그토록 오랫동안 갇혀 있었는가?

왜 우리는 반복해서 '공허한 아침'을 맞을까요? 아침이니 일어나고, 일어나야 하니 일어납니다. 몸은 기계적으로 움직이지만, 마음은 어제의 그림자를 그대로 끌고 옵니다. 기쁘지도 설레지도 반갑지도 않은 어제와 똑같은 하루를 시작하며, 왜 우리는 이토록 무력한 '무의식적 패턴'에 갇혀 지내왔을까요? 날개가 있다는 사실조차 잊은 채, 왜 창살 너머의 하늘을 보며 '날고 싶다'고 갈망만 했을까요?

당신을 가둔 것은 '현실'이나 '능력 부족'이 아니었습니다. 그 이유는 당신이 '나'라고 단단히 믿어왔던 낡은 해석, 즉 '정체성 루프Identity Loop' 때문이었습니다. 이 보이지 않는 감옥이 바로 이 책의 제목인 '새장'의 정체입니다.

사실 당신은 고정된 존재가 아닙니다. 하지만 당신의 뇌는 '익숙함'을 '안전함'으로 착각하여, 어제의 감정과 해석을 오늘도 같은 방식으로 반복하려 합니다. '나는 원래 안 돼', '나는 늘 부족해'와 같은 낡은 문장을 반복 재생하며 이 새장의 창살을 촘촘히 엮어온 것입니다.

그러다 어느 날, 그 문장을 한 발짝 물러나 바라보는 순간이 찾아옵니다. '어쩌면 이게 진짜 내가 아닐 수도 있겠는데'라는 짧은 틈이 생기는 순간, 가슴 안쪽에서 아주 미세하게 번쩍이는 '지각의 빛'을 느끼게 됩니다. 그리고 그 한 줄기 빛에서부터, 새장을 해독하는 여정이 시작됩니다.

1부의 '21일 정렬 셀프 여정' 3단계에서 우리가 '자신을 관찰'하기 시작한 이유가 바로 여기에 있습니다. 낡은 패턴을 알아차리는 일, 그것이 이 '새장'을 해독Decode하는 첫걸음이기 때문입니다.

이 장은 당신이 갇혀 있던 낡은 서사의 설계도를 펼쳐 보며, 그것이 '사실'이 아니라 '반복된 해석'이었음을 확인하는 과정입니다. 새장은 원래 없었습니다. 남아 있던 것은, 당신이 너무 오래 익숙해져 버린 '자동 반사 루프'뿐이었습니다.

2. 자아는 고정된 게 아니다

당신은 이런 속삭임을 들어본 적 있나요? 마음속 깊은 곳에서, '어쩌면 이건 내 잘못이 아닐지도 모른다'는 작은 목소리를 말입니다.

우리는 살면서 수없이 많은 루프에 갇히곤 합니다. 매일 아침 비슷한 감정으로 눈을 뜨고, 익숙한 방식으로 세상을 해석하며, 자동 인형처럼 똑같은 반응을 되풀이합니다. 그리고 그저 익숙하다는 이유만으로, 그 모든 자동 반응을 '나'라고 믿어 버립니다.

이제 스스로에게 물어볼 시간입니다. 지금 당신을 움직이는 그 익숙함은 과연 당신 자신일까요? 만약 의심이 생긴다면 잠시 멈추어 보십시오. 당신이 '나'라고 단단히 믿어 왔던 고정관념을 조심스럽게 꺼내어, '정말 그런가?'라는 질문의 빛에 비추어 볼 시간입니다. 아주 작은 틈이라도 보인다면, 우리는 그곳에서부터 완전히 새로운 설계를 시작할 수 있습니다.

자아는 완성된 조각상이 아닙니다. 당신은 지금 이 순간에도 끊임없이 더 나은 당신이 '되어가는 중'인 살아 있는 존재입니다.

깨진 금

- 진달래

콘크리트처럼 굳은 마음은
한 번에 무너지지 않는다.

금만 가면 된다.
모래 한 알만한 틈이면 충분하다.

그 작은 틈에 씨앗이 내려앉고
빛이 스며들어

그늘에도 풀꽃이 핀다.

작은 깨달음 하나가
거대한 전환의 문을 연다.

　모든 변화는 '나는 누구인가?'라는 질문에서 시작됩니다. 무엇을 '하느냐Doing'보다 어떤 '존재Being'로 서 있느냐가 훨씬 더 근본적입니다. 왜일까요? 우리의 정체성이 생각과 감정의 방향을 결정하고, 그 인격이 매일의 선택을 이끌며, 그 선택들이 모여 결국 우리의 삶이 되기 때문입니다.

　이것은 컴퓨터의 보이지 않는 '운영체제os'와 같습니다. 내가 나를 '늘 부족한 사람'으로 규정하면, 삶이라는 운영체제는 '부족함'이라는 필터로 세상을 해석합니다. 그러면 우리 뇌는 '도전'이라는 프로그램을 실행하기보다 '회피'라는 프로그램을 우선 실행하게 됩니다. 결국 내가 나를 어떻게 바라보느냐가 나의 행동과 경험의 경계를 결정짓는 셈입니다. 그러므로 진정한 변화는 바깥 세상을 바꾸려 하기보다, 내 안의 운영체제를 다시 쓰는 일에서 시작해야 합니다.

떨어진 꽃잎도 꽃잎이다
- 진달래

떨어진 꽃잎도 꽃잎이다.

상처 난 날도, 가치는 사라지지 않는다.

3. 우리는 왜 부정적인 감정에 더 쉽게 갇히는가?

감정은 지금 내 생각이 어디를 향하고 있는지 알려주는 가장 정확한 표지판입니다. 자동차를 떠올려 보십시오. 계기판의 연료 게이지 바늘이 아래로 내려가고 빨간 불이 들어와도, 우리는 이를 미워하지 않습니다. '이제 연료를 채워야겠구나' 하고 상황을 이해할 뿐입니다.

감정도 마찬가지입니다. 우리가 느끼는 기쁨, 답답함, 두려움, 우울함은 모두 지금 당신의 생각이 어디에 머물러 있는지를 알려주는 정직한 안내판입니다. 우리는 이러한 안내 시스템을 자주 오해하곤 합니다. 감정을 외부 사건이 만든 괴물처럼 여기고, 그 감정에 붙들린 채 끌려다니기도 합니다. 그 상태가 오

래 반복되면 특정 감정의 회로가 점점 더 강해져, 결국 하나의 '정
서적 중독'처럼 굳어버립니다. 이것이 바로 우리가 빠지는 '감정
의 덫'입니다.

기억하십시오. 사건은 당신이 아닙니다. 느낌이 곧 진실도 아
닙니다. 그 감정은 당신의 본질이 아니라, 그저 반복을 통해 중
독된 낡은 신경 회로일 뿐입니다.

그렇다면 우리는 왜 이토록 쉽게 낡고 부정적인 루프에 빠지는
것일까요? 그것은 당신의 의지가 약해서가 아닙니다. 우리 안
에 '생존 본능'이라는 강력한 프로그램이 내장되어 있기 때문입
니다. 인간의 뇌는 행복을 추구하기 전에 생존을 먼저 확보하도
록 설계된 '생존 기계'입니다. 이 기계의 운영체제가 바로 '부정
성 편향'입니다.

우리 뇌는 기쁨보상보다 고통위험에 더 강렬하게 반응합니다.
가능성보다 위험을 먼저 계산하고, 평온한 현재보다 불안한
미래를 더 자주 상상합니다. 긍정적인 경험은 바람처럼 쉽게
스쳐지나가지만, 부정적인 경험은 바위에 새긴 글씨처럼 뇌에
깊은 흔적을 남깁니다. 이것이 바로 우리가 의식적으로 노력
하지 않으면 '생존 루프'에 빠질 수밖에 없는 과학적인 이유입
니다.

하지만 꼭 기억하십시오. 당신은 그 원시적 본능을 넘어서는 위대한 힘, 즉 '의식'을 활용할 수 있는 유일한 존재입니다. 무의식적 자동 반사로 살아가는 삶은, 낡은 생존 루프에 갇혀 원하는 것을 이룰 수 없습니다. 반면에 의식을 활용하는 사람은 자동 반사가 아닌 '옳은 선택'을 하며 삽니다. 제가 이 책을 쓴 이유, 1부에서 '21일의 정렬'을 그토록 강조한 이유가 여기에 있습니다. 바로 당신의 이 '선택하는 힘'을 키우기 위함입니다.

내면의 질서가 먼저 세워져야 창조가 일어납니다. 혼돈과 혼란이라는 무질서 속에서는 '새장'만 보일 뿐, 어디로 가야 할지 방향이 보이지 않습니다. 이 모든 창조에 앞서 가장 먼저 해야 할 일, 그것이 바로 '정렬'이며, 정렬이란 곧 '내면의 질서를 세우는 것'입니다.

4. 정체성 루프, 반복된 이야기와 굳어진 회로

왜 우리는 어제와 비슷한 감정과 생각의 감옥에 자주 갇히는 걸까요. 지금 당신 안에서 되풀이되는 감정은 우연이라기보다, 오랫동안 살아온 이야기의 반복에 가깝습니다. 그 반복은 뇌 안에 하나의 길을 만들고, 그 길은 자동으로 재생됩니다.

아침마다 비슷한 대본이 펼쳐지듯, 우리 마음속에서는 익숙한 문장-가령, '나는 부족하다', '나는 혼자다', '나는 늘 선택받지 못한다' 등-들이 돌아갑니다. 이 문장들은 객관적인 진실이라서 힘을 갖는 것이 아닙니다. 그저 너무 자주 반복되었기에, 당신의 뇌가 '이것이 진실'이라고 믿어버렸을 뿐입니다.

기억하십시오. 우리는 원하는 것을 얻는 게 아니라, 믿는 것을 얻습니다. 진실이라서 믿는 게 아니라, 믿기 때문에 그것이 진실이 됩니다.

● 우리는 갈망의 크기보다 믿음의 크기만큼 성장한다

결국 정체성이란 과거의 사실 그 자체가 아닙니다. 우리가 내면에서 끝없이 되뇌어 온 하나의 '이야기'입니다. 지금 느끼는 감정, 떠오르는 생각, 반복하는 행동은 모두 이 이야기라는 하나의 고리와 단단히 연결되어 있습니다. 이것이 바로 당신을 제자리에 묶어두는 '정체성 루프'입니다.

하지만 여기에는 혁명적인 진실이 숨어 있습니다. 당신이 붙들고 있는 정체성은 결코 단단한 실체가 아닙니다. 그것은 그저 오래된 습관이며, 뇌 속에 굳어진 길일 뿐입니다. 뇌는 익숙한 길을 선호하지만, 동시에 언제든 새로운 길을 낼 수 있는 놀라운 능력인 '신경가소성'을 가지고 있습니다. 따라서 지금의 정체성은 당신의 최종 버전이 아닙니다. 당신은 언제든 스스로를 다시 설계할 수 있습니다.

문제를 해결하고 싶습니까? 성장하고 싶습니까? 더 나은 삶을 원하십니까? 그렇다면 가장 먼저, 당신의 정체성을 '해낼 수 있는 정체성'으로 다시 세워야 합니다. 그리고 그 위대한 설계는 단 하나의 정직한 질문을 던지는 용기에서 시작됩니다. '나는 지금, 어떤 정체성 루프를 반복하며 살고 있는가?'라는 질문이 그것입니다.

5. 당신을 지배하는 무의식의 서사: 미로, 환형, 안개

우리는 모두 자신만의 거대한 서사Narrative 속에 살고 있습니다. 그 서사는 과거의 사건, 감정, 해석이 뒤섞여 만들어진 무의식의 시나리오입니다. 하지만 이것은 '생각이 많다'는 말이 아닙니다. 당신이 알아차리기도 전에, 낡은 각본처럼 자동으로 재생되는 구조입니다. 중요한 건 사건이 아니라, 사건 위에 반복해서 덧씌워진 '나에 대한 해석'입니다.

그래서 이 장에서는, 당신을 지배하는 서사를 세 가지 유형으로 분리합니다. 당신을 지배하는 낡은 서사는 주로 세 가지로 나타납니다.

· **미로 서사:** 미로 서사는 방향은 있는 듯 보이지만, 출구가 보이지 않는 서사입니다. 삶의 기준이 '내 방향'이 아니라 '타인의 반응'으로 설정되어 있기 때문입니다. 하지만 문제는 사람이 아니라, 사람을 해석하느라 소진되는 주의의 구조입니다. 중요한 건 길이 아니라, 출구를 누구의 손에 쥐고 있느냐입니다. 그래서 이 서사는 '이게 맞나?'를 묻는 대신, '저 사람이 나를 어떻게 볼까?'를 먼저 묻게 됩니다.

· **환형 서사:** 환형 서사는 시작도 끝도 없이 같은 감정과 같은 관계가 되감기는 서사입니다. 상황이 달라져도, 결론은 늘 '역시 나는 안 된다'로 고정되기 때문입니다. 하지만 이것은 운이 나빠서가 아니라, 뇌가 익숙한 결론을 '안전'으로 채택한 결과입니다. 중요

한 건 사건이 아니라, 사건 뒤에 자동으로 붙는 자기 판결의 문장입니다. 그래서 이 서사는 새로운 선택을 하기 전에, 이미 같은 실패를 예언해 버립니다.

· **안개 서사:** 안개 서사는 감정의 짙은 안갯속에서 방향과 중심을 잃고 부유하는 서사입니다. '내가 원하는 것'보다 '보여야 하는 모습'이 먼저가 되어 왔기 때문입니다. 하지만 이것은 의욕 부족이 아니라, 내면의 기준이 오래 비워진 결과입니다. 중요한 건 목표가 아니라, 관점의 주체가 나에게 돌아오지 못한 상태입니다. 그래서 이 서사는 할 일은 많은데, '왜 하는지'가 흐려져 버립니다.

이 세 가지 서사 분류는 낡은 '새장'의 패턴을 더 선명하게 해독하기 위해 이 책에서 정의한 핵심 개념입니다. 이 서사들이 반복될수록 뇌는 그 길을 '기본 경로'로 채택하고, 같은 감정과 반응을 다시 재생합니다. 중요한 건 당신이 약한 것이 아니라, 낡은 각본이 자동으로 돌아가고 있다는 사실입니다. 이제 그 서사를 해독하고, 낡은 각본을 다시 써야 할 차례입니다.

6. 5가지 생존 회로 지도: 당신의 '새장'을 진단한다

무의식의 서사는 개념으로 끝나지 않습니다. 그 서사는 뇌 안에서 '회로'로 고정되어 반복적으로 작동합니다. 그래서 당신은 같은 상황에서 비슷한 감정과 반응을 되풀이하게 됩니다.

이것은 성격 문제가 아닙니다. 과거의 상처와 두려움이 현재를 '위협'으로 해석하도록 만든 생존 시스템의 자동 작동입니다. 중요한 건 당신을 탓하는 것이 아니라, 어떤 회로가 돌아가고 있는지 정확히 진단하는 일입니다.

이제 당신의 '새장'을 날카롭게 진단할 5가지 핵심 생존 회로 지도를 펼쳐 보겠습니다.

① 트라우마 재생형: 과거의 상처가 현재를 지배한다

이미 끝난 사건에 여전히 매몰되어 평범한 자극조차 위협으로 해석합니다. 말 한마디에 심장이 내려앉고, 몸이 먼저 굳습니다.

· **루프:** 자극→위협 해석→ 불안·경직→회피→'나는 취약하다'는 정체성 강화

· **새로운 언어:** '내 몸이 반응하는 것은 그때의 기억이다. 그때, 그 사건,
그 사람, 그 자리에서의 반응이 지금을 지배한다. 하지만 지금은 다른 사
건, 다른 사람, 다른 자리이다.'

② 감정 동일시형: 감정이 곧 '나'가 되어버린다

분노를 느끼면 내가 분노가 되고, 슬픔에 잠기면 내가 슬픔
이 됩니다. 감정은 신호인데, 어느새 자아 전체를 집어삼킵니
다. 감정은 내 상태를 알려주는 신호일 뿐인데, 어느새 자아
전체를 집어삼킵니다.

· **루프:** 자극→감정 동일시→폭발/침잠→관계 흔들림→'나는 불편한 사
람'이라는 정체성 강화
· **새로운 언어:** '나는 지금 감정을 느끼고 있다. 하지만 이 감정이 나는 아
니다.'

③ 해결 집착형: 불확실성을 견디지 못한다

문제가 생기면 곧바로 답을 찾으려 애쓰고, 행동이 과잉되며
결국 소진됩니다. '지금 당장 해결해야 한다'는 압박이 루프를
더 단단하게 만듭니다.

· **루프**: 자극→즉각 해법 탐색→과잉 행동→피로와 좌절

· **새로운 언어**: '모든 문제에 즉각적인 답이 필요한 것은 아니다. 해답은 지연 속에서 자란다.'

④ 자기 비난 루프형: 모든 것을 내 탓으로 돌린다

작은 실수에도 '다 내 잘못이야'가 자동으로 튀어나옵니다. 책임이 과잉되면서 도전은 줄어들고, 자신을 점점 더 좁은 방에 가둡니다.

· **루프**: 자극→수치심→도전 회피→'나는 부족하다'는 정체성 강화

· **새로운 언어**: '나는 실패한 사람이 아니다. 실패를 통해 개선하는 사람이다.'

⑤ 외부 인정 추구형: 타인의 시선이 나의 가치를 결정한다

칭찬과 비판에 마음이 과도하게 흔들리고, 평가를 피하기 위해 더 과하게 준비하거나 반대로 급격히 꺼집니다. 결국 삶이 '내 기준'이 아니라 '점수나 평가'로 운영됩니다.

· **루프**: 자극→시선 의식→평가/결과 통제 시도→과각성·과잉 행동 또는

급격한 침체→ 소진→'나는 인정받아야 안전하다'는 신념 강화

· **새로운 언어:** '타인의 평가는 그의 의견일 뿐, 나의 가치를 결정하지 않는다. 나는 내 기준으로 선택하고, 그 정렬된 결을 내면에 새긴다.'

이 다섯 회로의 공통점은 하나입니다. 모두 지금 이 순간을 '과거의 방식'으로 살게 만든다는 점입니다. 중요한 건 회로를 없애는 것이 아니라, 회로가 켜지는 순간을 알아차리고 다른 선택을 가능하게 만드는 것입니다. 이제 당신의 자동 반사를 끊고, 새장 밖으로 나와 날개를 펴십시오.

7. 조각난 마음을 통합하는 창조자, 관찰하는 자아

우리 안에는 하나의 마음만 있지 않습니다. 상황마다 다른 마음 상태가 켜지고 꺼집니다. 어떤 마음은 무기력하고, 어떤 마음은 두려워하며, 또 어떤 마음은 용기 있고 창조적입니다.

문제는 이 조각난 파편들을 한데 모아 '이게 나다'라고 착각하는 데서 시작됩니다. 그 착각이 깊어질수록 우리는 '나는 원래…'라는 문장으로 가능성의 문을 닫아버립니다. 이 마음 상태

들은 대부분 무의식적인 반복으로 만들어집니다. 뇌과학의 언어로 말하면, '마음 상태'는 특정 신경회로 패턴이 활성화된 결과입니다.

그러나 더 중요한 사실이 있습니다. 회로가 켜지는 것과, 그 회로가 '나'가 되는 것은 다르다는 것입니다. 당신이 갇힌 것은 감정이 아니라, 감정 위에 씌워진 해석의 각본입니다. 즉, 새장은 감정이 아니라 '해석의 자동 재생'입니다. 여기서 제가 이 책에서 말하는 전환점이 시작됩니다.

우리 안에는 이 모든 마음을 통합하고 이끄는 더 큰 자아가 있습니다. 바로 '관찰하는 자아'입니다. 관찰하는 자아는 감정을 없애는 존재가 아닙니다. 감정과 동일시되지 않는 자리, 즉 정렬의 좌표입니다. 이 좌표가 생기는 순간, 당신은 무대 위 배우에서 내려와 감독의 자리에 앉게 됩니다. 그리고 그 자리에서부터 날개는 다시 감지되기 시작합니다.

1단계. 감독의 자리에 앉기: 관찰자 자아의 발견

무대 위에는 수많은 배우가 올라옵니다. 불안, 분노, 수치, 무기력, 과각성, 비교, 책임감 같은 배우들입니다. 하지만 그 배우들을 조용히 바라보는 또 하나의 자아가 있습니다. 그 자아가 바로 '관찰하는 자아'로, 내면의 고요한 감독입니다. 관찰자의 첫 임무는 단순합니다. 판단하지 않고 알아차리는 것입니다. 고치려 들지 않고, 해석하지 않고, 지금 켜진 마음 상태를 그대로 바라봅니다.

이 순간, 당신은 감정의 포로가 아니라 감정의 주체가 됩니다. 정렬은 바로 여기서 시작됩니다. 감정이 바뀌어서가 아니라, 영과 마음과 몸이 일치되는 본질적 자아의 자리로 내가 이동하기 때문입니다.

2단계. 배우와 거리두기: 싸우지 않고 무대 전환하기

변화는 낡은 생각과 싸워 이기는 데서 오지 않습니다. 싸움은 오히려 각본을 강화하며, 억누를수록 더 거칠게 튀어나오게 합니다.

중요한 것은 제거가 아니라 거리입니다. '내가 불안하다'가 아니라 '내 안에 불안이 잠시 머물고 있다'라고 말하는 순간, 당신은 불안이라는 배우와 거리를 두게 됩니다. '아, 또 '나는 부족해'라는 배우가 등장했구나'라고 알아차리는 순간, 각본은 더 이상 당신을 조종하지 못하게 됩니다.

그때 뇌의 스포트라이트가 이동합니다. 낡은 서사에 빼앗기던

주의가 '내가 서고자 하는 자리'로 옮겨가고, 마음은 비로소 반응이 아니라 선택을 할 수 있게 됩니다. 《새장은 원래 없었다》에서는 이러한 전환을 '귀환'이라고 부릅니다. 과거로 돌아가는 회상이 아니라, 본질적 자아의 자리로 되돌아오는 위치 이동이기 때문입니다.

3단계. 새로운 나로 살아가기: 창조적 자아의 발현

2단계의 핵심은 '싸워서 이기는 것'이 아니라, 주의를 옮기는 것입니다. 이 훈련을 반복하다 보면 뇌에서는 조용하지만 결정적인 변화가 일어납니다. 신경가소성은 거창한 기적이 아니라, 반복된 주의가 길을 만들고 반복된 선택이 그 길을 넓히는 과정이기 때문입니다.

쓰지 않는 낡은 길은 자연스럽게 희미해지고, 새로 만든 길은 어느새 기본 경로가 됩니다. 그래서 어느 날 '애써 참는 나'가 아니라 '자연스럽게 다른 선택을 하는 나'가 등장하기 시작합니다. 이 지점이 바로 우리가 말하는 창조적 자아의 발현입니다.

의식적인 패턴에서 벗어나는 방법은 의외로 단순합니다. 관찰자 자아로 지금 내 안에서 켜진 마음 상태를 알아차리고, 그 주의를 내가 서고 싶은 자아 이미지에 두는 연습을 반복하는 것입니다. 그러면 흩어져 있던 마음들이 서서히 하나로 통합되기 시작합니다. 조각난 감정들을 억지로 정리해서 통합하는 것이 아니라, 주의가 머무는 중심이 생기면서 마음이 스스로 정렬되기 때문입니다.

이 과정에서 당신은 몸으로 알게 됩니다. '관찰하는 자아'는 낡은 각본을 끊어내는 최종 목적지가 아니라, 낡은 나를 건너기 위한 징검다리였다는 사실을 말입니다. 그리고 마침내 한 가지가 또렷해집니다. 우리의 진짜 본질은 '관찰하는 나'에 머무는 것이 아니라, 관찰을 넘어 원하는 현실을 지금의 선택으로 살아내는 창조자라는 점입니다.

이것이 우리가 회복해야 할 본질적 자아입니다. 과거의 각본을 지켜보는 감독에 머물지 않고, 원하는 미래를 오늘의 태도와 언어로 실현하는 존재로 거듭나는 것입니다.

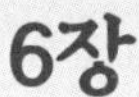

6장

R(Recode): 창조의 핵심 에너지

우리는 스스로를 가둔 '새장', 즉 정체성 루프를 해독Decode 했습니다. 이제 남은 일은 하나입니다. 낡은 회로를 끊고, 새로운 회로를 삶의 기본값으로 새기는 일입니다. Recode재설계는 단순한 기술이 아닙니다. 존재의 방향을 바꾸는 정렬이며, 흩어진 나를 한 결로 묶어 '다른 사람'이 아니라 '본질적 나'로 정착시키는 과정입니다.

우리가 겪는 가장 큰 비극은 결핍이나 실패가 아닙니다. 영과 마음과 몸이 서로 다른 언어로 살아가는 분열입니다. 영은 더 높은 곳을 소망하지만, 마음은 과거의 상처를 붙들고 흔들리며, 몸은 익숙한 두려움으로 굳은 채 살아가고 있습니다. 그 결과, 우리는 한 방향으로 살고 있다고 믿지만 매번 같은 자리로 돌아옵니다. 문제는 의지가 약해서가 아니라, 정렬되지 않은 결로 버티고 있기 때문입니다.

Recode재설계는 이렇게 흩어진 당신을 하나로 모으는 통합의 과정입니다. 이 재정렬을 실제로 작동시키는 데는 두 개의 엔진이 필요합니다. 《새장은 원래 없었다》에서는 그것을 '아는 힘'과 '이기는 힘'이라고 부릅니다. 이를 간단하게 정리하면 다음과 같습니다.

· **아는 힘(사랑)**: 날개가 없는 것이 아닙니다. 날개가 있음을 '알지' 못했을 뿐입니다.
· **이기는 힘(감사)**: 새장을 이기지 못한 것이 아닙니다. 날개가 있음을 '미리 감사'하지 못했을 뿐입니다.

감정은 단순한 느낌이 아닙니다. 감정은 삶의 방향을 바꾸는 창조 에너지입니다. 당신이 머무는 감정의 결이 곧 당신이 마주할 현실의 질을 결정합니다. 수많은 감정 중에서도 존재의 차원을 전환시키고 잠든 가능성을 깨우려면 두 가지 고진동 에너지에 집중해야 합니다. 그 첫 번째이자 모든 것의 근원은 '사랑'입니다.

1. 사랑: 모든 것을 '아는 힘'

고대의 지혜는 말합니다. "사랑하는 자는 만물의 근원을 안다"라고. 이 말은 낭만적 선언이 아닙니다. 사랑의 본질은 대상을 꿰뚫어 보는 '앎'의 에너지라는 의미입니다. 사랑할 때 우리는 겉모습에 머물지 않고 그 너머의 본질과 가능성, 그리고 '보이지 않는 지성'과의 연결까지 감지하게 됩니다. 사랑은 존재를 보게 하는 빛이며, 그 빛이 켜지는 순간 삶의 해석이 달라지기 시작합니다.

● 사랑은 존재를 보게 하는 빛이다

우리에게는 중요한 오해가 하나 있습니다. 앎이 없는 사랑은 선의로 포장된 상처가 될 수 있다는 것입니다. 사자의 본질을 모른 채 풀을 주고, 소의 본질을 모른 채 고기를 준다면 그 결과는 폭력이 됩니다. 그러니 사랑은 따뜻한 감정 이전에 정확한 인식이며, 더 깊이 사랑할수록 더 정확히 보게 되고 더 정확히 볼수록 더 바르게 사랑하게 됩니다. 이 선순환이 바로 '아는 힘'의 정체입니다.

● '아는 힘'의 시작: 자기 자신을 사랑하라

이 위대한 '앎'의 여정은 어디서 시작될까요. 그 시작은 바로 자기 자신입니다. 우리가 가장 먼저 사랑해야 할 대상은 이름과 직업, 역할과 관계라는 가면을 벗고 마주하는 본질적 자아입니다. 자기 자신을 진심으로 사랑하는 사람은 스스로를 한계 지었던 낡은 해석을 걷어내고, 자기 안에 숨겨진 창조자의 형상을 보기 시작합니다.

그때 비로소 '나는 원래 날 수 있는 존재였다'라는 기억이 깨어납니다. 날개가 생기는 것이 아니라, 날개가 보이기 시작하는 것입니다. 지식을 넘어 '앎'으로 다가갈 때 본질적 자아는 살아납니다.

여기서 말하는 앎은 머릿속 정보가 아닙니다. 살아 움직이는 체험적 앎입니다. '내게 날개가 있다'는 문장은 이해로 끝나지 않고 실제로 펼쳐 움직일 때 진실이 되며, 앎은 삶 속에서 실행될 때 비로소 완성됩니다. 아는 힘, 즉 사랑은 감정의 장식이 아니라, 삶을 바꾸는 실재입니다.

두 가지 사랑: 신의 선물과 인간의 응답

그렇다면 우리는 어떻게 이 '창조하는 앎'에 이를 수 있을까요? 그 답은, '보이지 않는 지성'이 우리에게 이미 심어놓은 선물 안에 있습니다. 그것이 바로 의식, 생각, 지각이라는, 우리가 근원을 알아차릴 수 있도록 허락된 신성한 도구들입니다. 이 창조의 원리는 두 가지 사랑의 상호작용으로 이루어집니다.

· **알게 하는 사랑:** 우리 안에 잠든 창조자의 형상을 깨우기 위해, '보이지 않는 지성'이 우리에게 의식, 생각, 지각이라는 도구를 심어둔 행위입니다. 이는 우리를 사랑하기에, 본질적 자아를 알아볼 수 있는 길을 유산처럼 남겨준 생명과 지혜의 선물입니다.

· **알아가는 사랑:** 사랑은 감정이 아니라 선택입니다. 의식·생각·지각을 사용해 오늘도 근원을 향해 시선을 돌리는 선택이 '알아가는 사랑'입니다.

이것은 마치 위대한 화가가 자신의 붓과 물감, 캔버스를 우리에게 건네는 것과 같습니다. 그리고 우리는 그 도구로 우리만의 그림을 그리며 화가의 위대함에 응답합니다. 창조자는 '알게 하는 사랑'으로 우리를 창조했고, 우리는 '알아가는 사랑'으로 그 창조에 동참합니다. 이 전환이 일어나는 순간, 생존 루프는 약해지고, 창조 루프의 중심이 열립니다.

🪨 사랑은 성장을 이끈다

진정한 사랑은 우리가 원하는 것을 주는 것이 아니라, 우리에게 필요한 것을 얻을 수 있는 능력을 줍니다. 그래서 사랑은 삶의 방향을 바꾸어 놓습니다. 소유에서 존재로, 결핍에서 풍요로, 그리고 한계에서 창조의 자리에 서게 합니다.

사랑이 깊어질수록 정체성은 확장됩니다. 그리고 간절한 갈망은 결핍의 증거가 아니라, 이미 그 가능성이 씨앗으로 심어져 있다는 신호가 됩니다. '달에 가고 싶다'는 갈망이 달 탐사를 현실로 만든 것처럼, '아는 힘'으로 이끄는 사랑은 사람을 성장의 방향으로 이끕니다. 성장이란, 의식이 확장되고, 지각이 총명해지며, 가능성에 대한 믿음이 깊어지고, 진정 원하는 바가 명확해지는 과정입니다. 사랑은 우리 안의 가능성을 깨우고, 능력을 배양하며, 마침내 그것을 현실로 데려옵니다.

자기 자신을 진심으로 사랑하는 사람은 부족함마저 성장의 재료로 받아들입니다. 그 순간, 잠재 능력은 막연함이 아니라 '확신'으로 바뀌고, 정체성은 흔들리는 이미지가 아니라 삶의 중심축인 '심지'로 세워집니다. 그러면 조급함과 무례함은 서서히 힘을 잃고, 그 자리에 깊고 단단한 인내가 자랍니다. 불확실성 속에서도 길을 읽는 지혜가 생기고, 세상의 평가에 흔들리지 않는 담대함이 자라며, 본질적 자아로 살아가는 삶이 조용히 시작됩니다.

2. 고요의 힘: 창조가 시작되는 공간

당신이 아무것도 할 수 없다고 느끼는 바로 그 순간이, 모든 것을 시작할 수 있는 유일한 순간입니다. 지금 당신 안에서 무너지는 것은 '능력'이 아니라 '질서'이며, 창조는 바로 그 질서를 다시 세우는 일에서 시작됩니다.

태조에 세상은 어떻게 시작되었을까요? 위대한 신화와 경전이 반복해서 말하는 출발점은 언제나 같습니다. 깊은 어둠과 혼돈 속에서 흩어진 것을 하나의 방향으로 모으는 의지, 곧 창조자의 정렬이 일어났습니다. 그리고 그 정렬이 질서를 만들었을 때, 다시 말해 정렬된 고요가 서 있을 때에야 비로소 "빛이 있으라"는 첫 명령이 울릴 수 있었습니다. 창조는 소음에서 시작되지 않습니다. 창조는 정렬된 질서, 즉 고요 속에서 방향을 얻습니다.

우리 내면도 다르지 않습니다. 불안, 두려움, 한계라는 혼돈이 몰려올 때 우리는 아무것도 못한다고 느낍니다. 그러나 그곳이 바로 시작점입니다. 사랑에서 비롯된 '아는 힘'이 혼돈의 에너지를 붙잡고 한 방향으로 세울 때, 내면의 소란은 서서히 잠잠해지고 세계는 다시 쓰이기 시작합니다.

여기서 말하는 '아는 힘'은 정보가 아닙니다. 당신 안에 내재된 가능성과 보이지 않는 지성과의 연결을 의심 없이 신뢰하는, 존재의 깊은 확신입니다. 이 확신이 중심을 잡으면 두 가지 능력이 동시에 깨어납니다. 하나는 고요, 다른 하나는 평정심입니다. 둘은 비슷해 보이지만 역할이 다릅니다. 고요는 창조가 들어설 공간을 만들고, 평정심은 그 공간 위에 창조를 끝까지 밀어붙이는 지속력을 만듭니다.

먼저 고요입니다. 고요는 '아무것도 하지 않는 멈춤'이 아닙니다. 무엇을 창조할지 이미 알고 있는 상태에서만 생기는, 목적을 가진 침묵입니다. "빛이 있으라"는 단호함은 감정의 고양이 아니라 목적의 명료함에서 나옵니다. 목적이 분명해지는 순간,

혼돈은 힘을 잃고 정렬이 시작됩니다.

그리고 평정심입니다. 평정심은 수동적인 평온함이 아닙니다. 반드시 이루어낼 능력이 내 안에 있음을 아는 확신에서 오는 안정성입니다. '빛이 있었고'라는 결과는 그 명령이 현실이 될 것임을 의심하지 않았기에 가능했습니다. 이처럼 내면의 능력을 온전히 신뢰할 때, 우리는 비로소 현재의 조건에 얽매이지 않고 창조의 능력으로 살아가게 됩니다.

우리가 불안한 이유는, 원하는 것이 지금의 나보다 더 커 보이기 때문입니다. 그러니 당신은 더 커져야 합니다. 두려운 무엇보다 당신의 존재가 더 높아져야 합니다. 그 성장은 결국 한 가지, 창조자의 지성과 권능이 내 안에 함께한다는 사실을 '아는 것'에서 시작됩니다. 알기에 믿고, 믿기에 조건에 매이지 않습니다. 그리고 그때 비로소 당신은 조건을 넘어 목적을 향해 나아갈 수 있게 됩니다.

여기서 말하는 평정심은 감정을 억누르는 평온이 아닙니다. 할 수 있고, 이룰 수 있고, 될 수 있다는 앎이 몸까지 내려와 흔들림을 제어하는 힘입니다. 그래서 평정심은 '괜찮아질 때까지 기다리는 상태'가 아니라, 지금 이 자리에서 주저없이 도전해 한계를 뛰어넘고 미래를 향해 전진하게 하는 안정성입니다.

사랑에서 비롯된 '아는 힘'은 당신을 부드럽게만 만들지는 않습니다. 안에 있던 잠재 능력을 꺼내기 위해 당신을 밀고, 단련하고, 과감하게 만듭니다. 그리고 마침내, 당신을 탁월한 존재로 세웁니다. 놀랍게도, 이러한 내면의 확신과 평정심은 단순히 마음의 상태에만 머무르지 않고, 몸의 신경계와 직접적으로 연결되어 훈련으로 실제 구현할 수 있습니다. 그 뇌과학적 열쇠가 바로 미주신경Vagus Nerve 입니다.

길게 내쉬는 호흡은 몸의 경보를 낮추고, 교감신경이 과열된 모드를 진정시키며, 창조가 들어설 자리를 물리적으로 확보합니다. 호흡은 단순한 이완 기법이 아니라, 정렬된 고요로 들어가기 위한 스위치입니다. 몸이 진정될수록 뇌는 선택을 되찾고, 선택이 돌아올수록 삶의 방향은 다시 쓰이기 시작합니다.

이 모든 것이 합쳐진 상태를 저는 창조적 고요라고 부릅니다. 그것은 텅 빈 멈춤이 아닌 혼돈 위를 운행하는 창조의 의지처럼, 아는 힘이 소란을 잠재우고, 정렬이 질서를 세우며, 평정심이 그 질서를 끝까지 밀어붙이는 가장 강력한 상태입니다.

사랑은 '아는 힘'입니다. 그리고 그 앎은 정렬된 고요와 평정심으로 현실을 다시 씁니다. 지금, 정렬로 내면의 질서를 다시 세우십시오. 당신 안의 창조자는 이미 깨어나 있으며, 당신의 결은 이제 창조의 빛을 반사할 준비를 마쳤습니다.

3. 감사, 모든 것을 '이기는' 힘

우리는 알게 하는 사랑에 그저 감사했을 뿐인데, 창조자는 그 작은 감사마저도 '이기는 힘'이라는 더 큰 선물로 화답하셨습니다. 그리고 우리는 비로소 깨달았습니다. 이기는 힘이야 말로 우리가 본래부터 받기로 약속된 가장 위대한 능력이었음을.

이 책에서는 감정을 단순한 느낌으로 보지 않습니다. 감정은 삶의 방향을 바꾸고, 존재의 차원을 전환시키는 에너지입니다. 그중에서도 이 책은 두 가지 핵심 에너지를 다룹니다. 존재의 진실을 '알게 하는 힘'인 사랑과 그 진실을 현실로 데려오는 '이기는 힘'인 감사가 바로 그것입니다.

그렇다면 무엇을 이기는 걸까요. 미래에 대한 두려움을 이깁니다. 과거에 대한 후회를 이깁니다. '나는 안 된다'고 속삭이는 내면의 모든 거짓을 이깁니다. 감사는 기분을 좋게 만드는 장식이 아니라, 내면의 판결을 뒤집는 능력입니다.

죽음을 앞둔 사람들이 가장 후회하는 것이 무엇인지 아시나요? '일을 좀 덜 할걸', '사랑하는 사람과 시간을 더 보낼걸', '남의 시선 말고 나답게 살 용기를 낼걸'과 같은 것입니다. 이 후회는 결국 하나로 모입니다. 보이지 않는 새장의 두려움 때문에, 진짜 원하는 삶을 선택하지 못했다는 고백입니다.

감사는 바로 이 후회의 가능성을 이기는 힘입니다. 사랑을 통해 '나는 날개가 있는 존재'임을 알았다면, 감사는 그 날개를 실제로 펼쳐 날아오르게 하는 믿음이기 때문입니다. 감사는 결과가 아니라 과정의 즐거움입니다. 진정한 감사는 소망이 이루어진 뒤에만 나오는 감정이 아닙니다. 아직 이루어지지 않은 미래의 소망 앞에서도 '이미 받았습니다'라고 선언하며 결핍에 맞춰져 있던 내면의 결을 풍요의 결로 바꾸는 '높아진 마음'입니다.

어머니가 아이에게 말합니다. "한 시간 뒤에 아이스크림 줄게." 그리고 아이가 보는 앞에서 냉장고에 아이스크림을 넣습니다. 아이는 이미 자기 것임을 알기에 조르지 않습니다. 불안해하지도 않습니다. 그래서 기다림은 고통이 아니라, 능력이 배양되는 설레는 과정이 됩니다.

감사도 마찬가지입니다. 아직 손에 쥐지 않았더라도, 이미 주어진 것을 아는 사람은 조급함 대신 확신으로 오늘을 살아냅니다.

흠뻑 젖었다

- 진달래

행복은 양에 찰 만큼이 아니라,

흠뻑 젖을 만큼 온다.

행복은 계산한 만큼이 아니라,

공명한 만큼 온다.

우리가 '부족 하다'고 말하는 동안에도

우리의 가능성은 늘 충분했다.

감사는 결핍의 회로를 끊는 스위치다.

감사의 힘이 가장 강력하게 작동하는 순간은 역설적으로 가장 큰 어려움 속에 있을 때입니다. 칠흑 같은 어둠 속에서는 거대한 횃불만이 빛이 되는 것이 아닙니다. 때로는 작은 성냥개비 하나가 공간의 모든 어둠을 밀어냅니다. 마찬가지로 절망의 한가운데서 "이미 모든 것이 이루어졌음에 감사합니다"라고 선언하는 것은, 작은 불꽃으로 어둠을 밀어내는 창조 행위입니다. 그 순간 당신은 상황에 굴복하는 존재가 아니라, 빛을 선택해 어둠을 이기는 창조자가 됩니다.

● 감사는 창조적 자아의 출발점이 된다

감사는 시선을 바꿉니다. 감사의 눈으로 보면 모든 것이 자원이 됩니다. 아침 햇살도, 스쳐가는 바람도, 공기 한 모금도 우연한 배경이 아니라, 당신의 생명과 창조를 돕기 위해 주어진 선물입니다. 당신은 우연히 던져진 존재가 아니기 때문입니다. 이 세상은 당신이 자신과 타인을 위해 새로운 창조를 이루도록 설계된 무대이며, 당신은 그 무대의 주인공인 '창조적 자아'로 태어났습니다.

감사의 언어는 창조의 언어입니다. 세상은 우연이 아니라, 반복되는 질서로 진행됩니다. 그 질서는 막연하지 않습니다. 창조의 핵심 문법은 놀라울 만큼 간명하며, '선언'–'현현'–'완성'의 질서로 작동합니다. 그것은 '선언있어라'에서 시작하여, '현현있었고'을 거쳐, '완성보시기에 좋았더라'의 질서로 움직입니다. 이는 단순한 신화가 아니라 현실을 만드는 작동 원리입니다.

- · 먼저 분명한 의도가 서고(있어라),
- · 그 의도가 현실로 현현되며(있었고),
- · 마지막으로 그 결과가 의도와 일치하여 조화와 균형이 선 상태에 이른다(보시기에 좋았더라).

이 상태가 곧 완성입니다. 이 질서를 이해하면 감사가 왜 '이기는 힘'인지 선명해집니다. 감사는 이 문법을 현재 시제로 가동해, 완성을 '지금'에 고정시키는 에너지이기 때문입니다.

🔘 감사의 언어, 창조자의 선언문

감사의 언어는 창조자의 언어로 넘어가는 문입니다. 우리는 자주 '○○이 있으면 좋겠다, 될까?'라는 말로 현실을 바라보지만, 창조는 그 반대 방향에서 시작됩니다. '있어라'라고 방향을 세우고, '있었고'라고 받아들이며, '좋았더라'로 완성을 고정하는 언어입니다. 감사가 그 전환의 운반체입니다.

뇌는 현실과 과거와 미래를 엄밀히 구별하지 못하고, 우리가 반복해서 떠올리며 감정을 실어 말하는 것을 '지금'의 기록으로 저장합니다. 그래서 감사 선언은 '없는 것을 있다고 우기는 말'이 아니라, 내가 창조자로서 선택한 미래를 '이미 지금'의 좌표로 고정하는 현재형 창조가 됩니다.

이 장에서 말하는 '이기는 힘'은 지금 무엇이 보이느냐에서 나오지 않습니다. 아직 보이지 않아도 이미 받았다고 선택하는 방향과 의도에서 나옵니다. 그러므로 선언문 안에서는 결핍을 길게 묘사하는 대신, 이미 이루어진 상태를 기준으로 감사하는 편이 좋습니다. 예를 들면 이렇게 말입니다.

· 나는 오늘도 새로워지는 나의 건강에 감사합니다.

· 나는 끊임없이 흘러들어오는 나의 풍요와 공급에 감사합니다.

· 나는 사랑과 신뢰로 깊어지는 나의 관계들에 감사합니다.

· 나는 또렷하게 드러나는 나의 소명과 길에 감사합니다.

· 나는 언제나 나와 함께 일하시는 보이지 않는 지성의 인도하심에 감사합니다.

이렇게 감사의 언어를 현재형으로 선언하는 순간, 당신은 상황을 해석하는 자리에서 벗어나 '완성된 나'를 기준으로 현실을 재정렬하는 창조자의 자리에 서게 됩니다.

'나는 이미 받았다'는 선언은, 아직 보이지 않아도 이미 있는 것을 선택하는 현재형 창조입니다. 그리고 그 선택은 곧 '이미 이루어졌다'를 선포하는 궁극의 믿음이 됩니다. 소망이 실상이 되고 비전이 현실이 되는 가장 강력한 조건은, 결국 이 믿음입니다.

4. '분명한 결의 방향'과 '높아진 마음'이 정렬될 때 현실이 바뀐다

창조 문법이 현실에서 작동하려면 방향만으로는 부족합니다. 또 감정만 높이는 것으로도 충분치 않습니다. 이 두 가지가 모두 필요합니다. 방향은 좌표를 만들고, 높아진 마음은 추진력을 만들기 때문입니다.

먼저, 분명한 결의 방향^{의도}, 즉 무엇을 창조할 것인지 명확히 말하세요. 추상 대신, 1부에서 연습한 정렬 문장처럼 '내가 돌아갈 본질적인 나'를 명확한 문장으로 만드십시오. 그리고 높아진 마음^{에너지}, 즉 그 결과가 이미 이루어졌을 때의 마음 상태를 지금 느껴보십시오. 이는 사랑과 감사의 마음을 현재로 소환해, 흩어졌던 영·마음·몸이 하나로 정렬된 상태를 만듭니다.

  방향 없이 높아진 마음만 있으면 에너지는 소모되고, 높아진 마음 없이 방향만 있으면 움직임이 나오지 않습니다. 이 둘이 하나로 정렬될 때, 창조는 점화됩니다.

  창조자는 명령으로 시작해 현현시키고 완성에 이르렀습니다. 우리의 창조는 감사로 문을 여는 방식으로 시작됩니다. 아직 보이지 않아도 '이미 얻었음'에 대한 감사로 문을 열고, 그 감사의 힘으로 두려움과 의심 같은 저항을 이겨내며, 마침내 '이기는 능력'으로 우리의 세계를 완성합니다. 이것이 인간에게 허락된 가장 실전적인 창조의 방식입니다. '분명한 결의 방향의도'과 '높아진 마음'이 하나로 정렬될 때, 창조는 점화됩니다.

5. 감사의 작동 방식

  '나는 이미 받았다'는 선언이 공허해지는 이유는 대부분 하나입니다. 말의도과 느낌감정이 분리되어 있기 때문입니다. 그래서 높아진 마음이 점화 장치가 됩니다. 미래의 기쁨·평온·풍요를 지금 느끼고, 정렬 호흡처럼 숨을 깊고 느리게 가라앉히며, '이미 이루었다'는 감각을 온몸에 정착시키십시오.

이성이 '상상일 뿐'이라고 속삭일 수도 있습니다. 그러나 이 것은 기만이 아니라 창조를 위한 가장 정직한 리허설입니다. 뇌는 생생한 정서가 동반된 체험 앞에서 상상과 현실을 엄격히 구분하지 못합니다. 그리고 의심이 멈추고 목적이 고정되는 순간, 그것을 '이미 일어난 현실'로 받아들여 새로운 회로를 만들기 시작합니다. 이렇게 말과 느낌이 일치하면 행동은 자연히 같은 방향으로 흘러 결국 현실에서 답하게 하고, 감사는 그 답을 '완성'합니다.

· **통합적 관점:** 감사는 뇌를 진정시키고, 마음을 확장하며, 존재를 전환합니다. 감사는 단지 기분이 좋아지는 감정이 아닙니다. 뇌의 회로를 바꾸고, 마음의 시선을 바꾸며, 존재의 자리를 바꿉니다.

· **뇌의 관점:** 감사는 생존 모드의 경보를 낮추고, 선택과 통찰의 회로를 깨웁니다. 반복된 감사는 뇌에 '나는 안전하다'는 새 패턴을 새기는 재설계 훈련이 됩니다.

· **심리의 관점:** 감사는 시선을 결핍에서 풍요로 옮깁니다. '없는 것'에

묶이던 주의가 '이미 있는 것'으로 이동하는 순간, 감정의 결이 달라지고 현실 해석의 눈이 새로 열립니다.

· **영성의 관점:** 감사는 존재를 전환합니다. 우연한 생존자에서, 의미를 선택하고 세상에 기여하는 공동 창조자의 자리로 돌아오게 합니다. 그 자리에서 우리는 본질적 자아를 자각하고 더 큰 흐름과 연결됩니다.

사랑이 '아는 힘'이라면, 감사는 '이기는 힘'입니다. 이제 어떤 언어로 말할지 선택하십시오. '정렬', '결', '보이지 않는 지성'은 더 이상 추상명사가 아니라, 당신의 세계를 다시 짜는 창조의 문법입니다.

꽃은 바람 앞에서 배운다
-진달래

흔들림이 줄기를 곧게 세우고,
젖음이 뿌리를 더 깊게 만든다.
사랑과 감사도 같다.

고요한 내면에서 높아진 마음을 오래 지키면,
바깥 소음에 흔들려도 금세 본래의 높이로 돌아온다.

꽃이 제 몫을 움켜쥐지 않고
벌과 나비에게 향과 꿀을 내어줄 때 열매가 맺히듯,
사랑과 감사는 '내가 가진 것'을 기꺼이 건네는 순간
더 큰 순환을 부른다.
기여가 곧 풍요가 된다.
내어줌이 채움이 되는 법칙,
그것이 창조의 에너지다.

7장

결의 공명: 당신의 '결'이 당신의 세계다

결은 보이지 않지만, 그 결이 당신의 세계를 보이게 합니다. 세상은 당신 '밖'에서 무작위로 벌어지는 사건의 더미가 아닙니다. 세상은 당신 '안'에서 굳어진 결이 바깥에서 되돌아오는 공명입니다.

그래서 이 책이 말하는 마지막 원리는 단순합니다. 밖을 바꾸기 전에, 안의 결이 먼저 바뀌어야 한다는 것입니다. 이 장은 '내면이 어떻게 외면을 창조하는가'를 설명하는 장이 아니라, 당신의 결이 어떻게 세계를 선택하고, 부르고, 고정하는가를 정리하는 장입니다.

1. 완전한 정렬의 힘: 당신 안의 창조력을 믿어라

단 하나의 감정만으로도 하루는 방향이 바뀝니다. 그렇다면 영·마음·몸이 하나의 언어로 정렬될 때는 무엇이 달라질까요. 삶은 더 이상 우연처럼 흘러가지 않고, 창조의 방향을 갖기 시작합니다.

물론 많은 사람들은 말합니다. "그게 가능하겠느냐"고요. 맞습니다. '설계하는 나'가 아닌 '느끼는 나'의 관점에서는 완전한 정렬이 신화처럼 보입니다. 오랫동안 자신을 믿지 못했던 사람에게 "당신 안의 창조력을 믿으라"는 말은 너무 멀게 느껴집니다. 그러나 이 전환을 가능하게 만드는 열쇠가 있습니다. 바로 믿음입니다.

밤하늘의 별과 우주를 설계하고 운행하는 질서가 있다면, 그 질서를 가능하게 하는 '보이지 않는 지성' 또한 있습니다. 그 지성은 먼 곳에 있지 않습니다. 그 지성은 지금 당신 안에서, 당신의 생명처럼 숨쉬고 있습니다. 그러니 눈앞의 결핍을 메우려는 생존의 몸부림에만 매달려 당신 안의 거대한 창조력을 소모하지 마십시오.

밤새 걱정을 쌓고 허문다고 해서 내일의 파도는 사라지지 않습니다. 걱정은 세계를 바꾸지 못합니다. 믿음이 결을 바꿉니다. 당신이 세워야 할 문장은 이것입니다.

> **나는 무한한 잠재력을 가진 창조자이며,**
> **만물의 근원이 되는 보이지 않는 지성이**
> **내 안에서 함께 한다.**

이 믿음이 세워질 때, 당신의 내면에서는 조용한 정렬이 시작됩니다. 영이 방향을 잡고, 마음이 받아들이고, 몸이 그 방향으로 움직일 준비를 합니다. 그 결과, 영·마음·몸은 점점 하나의 언어를 갖게 됩니다.

이 정렬이 현실을 바꾸는 창조의 힘이 되기 위해서는 당신의 의도가 보이지 않는 지성의 의도와 공명해야 합니다. 그러므로 지금 필요한 것은 내 의도가 정렬된 의도인지 어긋난 의도인지 바라보는 일입니다.

그렇다면 '어긋난 의도'란 무엇을 말하는 것일까요? 자신과 타인을 해치려는 파괴의 의도, 성공이라는 이름 아래 끝없이 '부'

만을 탐하는 의도입니다. 그리고 '존재'의 기쁨보다 물질세계의 '소유'에만 갇힌 의도입니다.

그렇다면 '정렬된 의도'란 무엇일까요? 당신이 본질을 온전히 발현하도록 하는 의도입니다. 그리고 당신을 통해 보이지 않는 지성의 선함과 풍요가 흘러가게 하는 의도입니다.

많은 자기계발서들이 소유에 집중합니다. 하지만 이 책은 존재에 집중합니다. 왜냐하면 존재가 정렬되면 부와 명예와 건강은 자연스럽게 따라오는 결과가 되기 때문입니다. 기억하십시오. 창조의 흐름은 분명합니다. 영으로 방향을 품고, 마음으로 받아들이고, 몸으로 현실을 살아냅니다.

이제 그 흐름을 '결'로 고정하는 단계로 들어가 보겠습니다.

2. 창조의 루프: 정렬의 3단계(영-마음-몸)

정렬은 곧 창조의 루프입니다. 영과 마음과 몸이 한 방향으로 동기화될 때, 우리는 혼돈에서 벗어날 수 있습니다. 우리는 우연이 아니라 질서에 탑승할 수 있습니다. 그 구체적 단계는 다음과 같습니다.

1단계. 영과의 연결: 위대함을 선택하고 믿어라

모든 창조는 소망에서 시작됩니다. 그러니 어떤 것을 원하든, 작고 하찮게 꿈꾸지 마십시오. 가장 원대하고 위대한 당신의 모습을 품으십시오. '내가 할 수 있을까'를 먼저 묻지 마십시오. 그 질문은 생존의 언어입니다. 대신 이렇게 물으십시오.

> 내가 진정으로 원하는 것은 무엇인가?
> 나의 본질적 자아는 어떤 모습으로 피어나고 싶어 하는가?

당신이 해야 할 유일한 일은 그 힘을 '믿는 것'입니다. 믿음은 당신의 의식을 그 위대한 지성의 '결'과 일치시키는 가장 강력한 도구입니다. 그 일치가 시작될 때, 창조는 시작됩니다.

2단계. 마음의 설계: 현실의 청사진을 그린다

영으로부터 받은 순수한 의도를, 이제 마음이 구체적인 현실의 청사진으로 그려낼 차례입니다. 이것은 선명한 상상과 그에 따르는 '높아진 마음'을 현재로 가져오고, 확신의 언어로 새로운

'심지'의 회로를 새깁니다. 그 과정은 다음과 같습니다.

· 원하는 모습을 선명하게 그리고, 제한 없이 떠올립니다.

· 높아진 마음을 현재로 가져옵니다. 이루어진 뒤의 감정이 아니라, 이루어지게 만드는 감정의 결을 지금 여기로 가져옵니다.

· 확신의 언어로 선언합니다. "나는 이미 충분하다. 나는 창조할 수 있다"고 선언하며 새로운 '심지'의 회로를 새깁니다.

이러고 나면 감정은 이제 더 이상 당신을 옭아매는 덫이 아니라 창조할 수 있는 에너지가 되고, 마음의 설계도를 현실로 끌어당기는 힘이 될 것입니다.

3단계. 몸의 구현: 새로운 현실을 살아낸다

정렬된 마음의 설계도는 몸에서 행동으로 자연스럽게 이어집니다. 잘 조율된 악기가 저절로 아름다운 소리를 내듯, '노력'이나 '의지'의 씨움에서 벗어나 정렬된 몸은 영감에 따라 움직이고, 올바른 기회를 포착하며, 새로운 현실을 살아낼 것입니다.

진정한 변화는 머리의 싸움으로 오지 않습니다. 정렬된 결이 이끄는 흐름으로 옵니다. 이제 당신의 결이 무엇에 공명하는지,

그리고 그 공명을 어떻게 '창조'로 고정할지 다음 단락에서 완성
해 보겠습니다.

몸에게 물어 보세요
- 진달래

마음이 앞서가면, 몸에게 묻고.
몸이 달리려 하면, 마음에게 묻는다.
정렬은 속도가 아니라 합의다.

3. 정렬의 3가지 증거: 뇌와 몸은 알고 있다

'정렬되었다'는 상태는 단순히 마음이 편해진 정도가 아닙니
다. 정렬은 뇌와 몸, 그리고 삶 전체에서 확인되는 다음과 같은
물리적 신호로 드러납니다.

증거1: 신경회로가 막힘 없이 흐른다
정렬되면 감정 억압이나 부정적 해석이 먼저 끼어들 틈이 줄

어듭니다. 감정→사고→행동의 루프가 끊기지 않고 부드럽게 이어지며, 반응이 폭주하기 전에 선택이 들어옵니다. 앞에서 연습한 '관찰'처럼 감정을 라벨링하고 수용할 때, 스트레스 반응은 완화되고 뇌는 안정적으로 동기화됩니다. 그 순간부터 삶의 주체가 바뀝니다. 반응하는 존재에서 선택하는 존재로 이동합니다.

증거2: 신체-감정-에너지가 하나로 통합된다

정렬된 흐름 안에서 몸은 '안전' 쪽으로 기울기 시작합니다. 호흡은 깊어지고 감각은 깨어납니다. 우리가 연습한 '정렬 호흡'처럼 미주신경이 활성화되면 영·마음·몸이 일치되는 질서가 몸에 정착합니다. 정렬은 마음의 결심이 아니라, 신경계가 만들어내는 질서로 몸에 정착합니다.

증거3: 삶의 방향성과 감정이 일치된다

정렬된 삶에서는 '바라는 삶'과 '지금의 선택'이 서로 엇갈리지 않습니다. 마음은 따로 가고 행동은 반대로 가는 내적 분열이 줄어듭니다. 뇌과학적으로도 외부 보상보다 내적 정렬 상태에서 도파민 보상회로가 더 강하게 반응해, '버티는 노력'이 아니라

'빠져드는 몰입'을 촉진합니다. 그래서 정렬은 의지를 소모시키는 방식이 아니라, 흐름을 만들어내는 방식입니다.

　이처럼 정렬은 뇌-자율신경계-에너지장이 하나의 '결'로 서는 상태이며, 창조적 루프가 완성되는 지점입니다. 이 결이 서면 삶은 더 이상 억지로 끌고 가는 전쟁이 아니라, 당신의 결을 따라 움직이는 흐름이 됩니다.

중심
　　　　　　　　- 진달래

오뚝이는 넘어지지 않아서가 아니라
돌아올 중심이 있어서 다시 선다.
정렬 루틴은 '다시 돌아올 자리'를 각인하는 훈련이다.

3부

새장은
원래
없었다

당신은 이제 '아는 사람'이 되었습니다.
하지만 '아는 것'과 '사는 것'은 완전히 다른 차원의 이야기입니다.
우리는 이 모든 원리를 삶으로 살아내는 '길의 기록'을 시작할 것입니다.
그리고 이것은 '앎'을 '삶'으로 증명하는 마지막 고백이 될 것입니다.

노고단 정상에서

8장

관점의 전환: 경쟁을 넘어 고유함으로

우리는 '결의 공명'을 통해 단 하나의 진실을 깨달았습니다. 당신 내면의 '결'이 곧 당신 외면의 세계라는 것을요. 이 진실을 삶으로 살아내기 위해 우리는 먼저 '관점'을 바꿔야 합니다. 생존자의 관점을 버리고, 창조자의 관점으로 세상을 바라보아야 합니다.

1. 경쟁의 사다리에서 뛰어내려라

생존을 위한 세상은 하나의 거대한 사다리를 오르는 처절한 전쟁터와 같습니다. "공급은 한정되어 있다"는 낡은 믿음이 이곳을 지배하고 있습니다. 내가 한 칸 올라서면 누군가는 밀려나야 하고, 누군가가 잘되면 그 순간부터 그는 위협이 됩니다. 이 사다리 위에서는 박수도 불안이고, 축하도 계산입니다.

여기서 먼저 한 가지를 인정하십시오. 남의 잘되는 것에 박수치기 어렵다면, 당신이 나쁜 사람이어서가 아닙니다. 같은 사다리 위에 서 있기 때문입니다. 그도 나처럼 두려움과 소망을 함께 가진 사람이고, 당신도 그와 같은 마음을 통과해 온 사람입니다.

그러나 이제는 선택해야 합니다. 부족의 언어를 계속 쓸 것인지, 풍요의 언어로 넘어갈 것인지.

언어

- 진달래

부족의 언어는 질투를 낳고,
풍요의 언어는 영감을 낳는다.
창조자는 타인의 성취를
'가능성의 거울'로 쓴다.

창조 의식은 사다리를 더 잘 타는 능력이 아닙니다. 사다리에서 뛰어내려 자신만의 하늘을 창조하는 것입니다. 이곳에는 정해진 길이 없습니다. 당신의 성공은 누구의 자리도 빼앗지 않습니다. 남의 성공이 나를 위협하지도 않습니다. 오히려 '그것도 가능하구나'라는 신호가 되어, 내 세계의 경계를 넓힙니다. 경쟁의 세계는 '비교'로 움직이지만, 창조의 세계는 '확장'으로 움직입니다.

🔵 생존 루프의 언어인 비난과 시기심을 버려라

창조자의 '결'을 유지하기 위해 우리는 생존 루프의 가장 강력한 에너지인 비난, 불평, 그리고 시기심으로부터 의식적으로 벗어나야 합니다. 이 셋은 도덕의 문제보다 결의 문제입니다. 비난은 '잘못된 것'에 시선을 묶고, 불평은 '부족한 것'에 마음을 묶으며, 시기심은 '내게 없는 것'에 존재를 묶습니다. 그 순간 당신의 결은 결핍의 주파수로 내려가고, 삶은 즉시 그 결에 공명합니다.

기억하십시오. 당신은 남과 같은 사다리를 오르는 경쟁자가 아닙니다. 당신만의 우주를 창조하는 고유한 존재입니다. 그러니 생존자들이 던지는 비난, 시기, 판단에 일일이 반응하며 에너지를 낭비하지 마십시오. 그에 반응하는 것은 그들의 낮은 '결'에 나를 맞추는 행위입니다.

창조자는 반응하지 않습니다. 오직 선택합니다. 그저 자신의 '높아진 마음'을 선택하고, 그 상태 안에 머무르며, 고요히 존재할 뿐입니다.

🔵 창조자는 탐하지 않고 '공명'한다

생존자는 '공급이 한정되어 있다'고 믿기에 타인의 것을 탐합니다. 하지만 창조자는 '보이지 않는 지성'의 풍요에는 한계가 없음을 알기에, 그 지성과 공명합니다. 당신의 세계는 오직 당신의 '결'이 허락하는 경계만큼만 확장됩니다.

당신이 할 일은 경쟁의식을 완전히 버리고, 당신의 '결'을 '보이지 않는 지성'의 풍요와 맞추는 것입니다. 당신은 다른 사람이 소유한 것을 탐하는 경쟁자가 아니라, 당신이 원하는 것을 무형의 가능성에서 새롭게 가져오는 창조자입니다.

열매

- 진달래

열매는 때가 되면,

그냥 툭 나타난다.

우리 몫은 씨앗을 심고 '결'을 맞추는 일.

결과는 '흐름'이 완성한다.

🔘 당신의 '결'이 당신의 그릇이다

'보이지 않는 지성'이 공급하는 풍요는 무한합니다. 하지만 당신은 오직 당신 내면의 결이 담을 수 있는 크기만큼만 공명하여 가져올 수 있습니다. 현재 당신의 믿음과 생각의 경계가 곧 당신이 경험할 세계의 경계가 됩니다. 그러니 더 큰 현실을 창조하고 싶다면, 먼저 당신의 시야를 넓혀 더 큰 관념을 담을 수 있는 존재가 되어야 합니다. 당신의 세계는, 당신의 '결'이 허락하는 만큼만 확장됩니다.

이제 당신의 관점은 '경쟁'에서 '고유함'으로 바뀌었습니다. 다음 장에서는 고유함을 말로 끝내지 않고 삶 속에 나타나는 기술로 안내할 것입니다. 거기서는 '새기다'와 '먼저 보다'라는 가장 강력한 창조의 도구로 당신의 낡은 서사를 다시 쓰게 될 것입니다.

2. 정렬된 거리두기, 결이 다른 관계에서 '나'를 지키는 법

당신은 이제 '결의 공명'을 알게 되었고, 고유함의 길을 선택했습니다. 하지만 당신이 '경쟁의 사다리'에서 뛰어내렸다고 해서, 사다리 위의 사람들이 당신을 그냥 내버려두지는 않을 겁니다.

오히려 당신이 정렬을 통해 빛을 세우려 할수록, 낡은 서사의 관계는 당신의 결을 훼손하려 하고, 더 크게 저항할 수 있습니다. 당신의 결을 흔들어 다시 끌어내리려는 힘은 언제나 관계의 형태로 돌아오기 때문입니다.

"사람은 관계 안에서 자신을 정의한다"는 말이 있습니다. 관계는 사람을 성장시키고 키웁니다. 당신은 관계 속에서 사랑을 배우고, 존재 가치를 확인하며, 서로의 거울이 되어 성장합니다. 문제는, 그 관계 안에서 상처와 트라우마도 함께 자라 왔다는 것입니다.

특히 결이 같지 않은 사람과의 갈등은 에너지를 갉아먹고, 어렵게 세운 중심을 무너뜨립니다. 조금씩, 분명하게 '나'라는 존재의 결을 훼손합니다. 그렇다면 어떻게 해야 할까요. 그들과 싸워야 할까요. 끝까지 설득해야 할까요. 아닙니다. 여기서 필요한 것은 논쟁이 아니라 힘입니다.

당신이 걸어온 정렬 셀프 여정은 단순히 내면만을 들여다보는 유약한 명상이 아닙니다. 불편한 상황에서도 그냥 참고 견디는 '인내심 훈련'도 아닙니다. 이 여정은 타인의 결이 함부로 침범하지 못하도록 내 결의 경계를 세우고, 자존의 힘을 기르는 아주 현실적인 훈련입니다.

'귀환'으로 중심을 잡고, '새기다'로 정체성을 세우며, '먼저 보다'로 높아진 마음을 익힐수록 당신의 결은 단단해집니다. 힘없는 자의 침묵은 '굴복'이지만, 힘 있는 자의 침묵은 '선택'입니다. 침묵과 정렬된 거리두기는 무례한 상대를 향해, 자신을 위해 내가 선택할 수 있는 가장 높은 품위입니다.

그 힘을 배우는 첫 번째 기술이 바로 '정렬된 거리두기'입니다.

여기서 말하는 거리두기는 '당신이 싫다'는 감정적인 혐오가 아닙니다. 감정을 폭발시키며 인연을 끊는 단절도 아닙니다. 최소한의 예의와 형식을 지키되, 당신의 마음과 에너지를 무한정 내어주지 않는 것, 당신의 결을 지키기 위해 당신을 훼손시키는 말과 상황에는 조용히 선을 긋는 것입니다. 더 이상 설명하지 않고. 더 이상 증명하지 않아도 됩니다. 선을 긋는 순간, 결이 살아납니다.

낡은 생존 루프는 이런 거리두기에 죄책감을 씌울 수 있습니다. '내가 이렇게까지 해야 하나?', '나쁜 사람이 되는 건 아닐까?'라고 말입니다. 하지만 단호하게 말하겠습니다. 그렇지 않습니다. 이것은 차가움이 아니라 정당함입니다.

당신은 모든 사람을 만족시키기 위해 태어난 존재가 아닙니다. 당신이 이 세상에 온 이유는 본질적 자아를 피워내기 위해서입니다. 그러니 당신의 웅장함을 지키는 일은 권리이자, 책임이며, 창조자의 의무입니다.

놀랍게도, 관계는 '설득'이 아니라 '결'에 반응합니다. 당신이 매일 아침 '정렬·귀환'으로 중심을 잡고, '새기기'로 정체성을 세우며, '먼저 보기'로 높아진 마음을 몸에 익힐수록, 당신의 결은 강철처럼 단단해지고 밀도는 높아집니다.

그러면 마침내 작은 '마법' 같은 일이 일어납니다. 당신을 함부로 대하는 사람에게 더 이상 휘둘리지 않고, 늘 당신의 에너지를 소모시키던 관계는 굳이 밀어내지 않아도 자연스럽게 멀어집니다. 서로의 결을 존중하는 만남이 조금씩 늘어납니다. 계속 훈련할수록, 당신을 함부로 할 수 있는 사람은 점점 설 자리를 잃습니다. 당신이 누군가를 바꾼 것이 아니라, 당신의 결이 관계의 장을 재정렬한 것입니다.

그렇다고 해서 당신이 세상과 단절된 섬이 되는 것은 아닙니다. 오히려 정렬된 사람은 더 좋은 관계를 맺고, 끌어당깁니다. 스스로를 윤슬로 세운 사람 곁에서는, 상대의 윤슬도 깨어나기 시작합니다. 정렬은 '나만 살아남는 기술'이 아닙니다. 정렬은 '함께 빛나는 관계'를 만들어내는 능력입니다. 윤슬은 물 위에만 뜨지 않습니다. 사람과 사람 사이에도 뜹니다. 정렬된 한 사람이 관계의 물결 위에 만들어내는 잔잔한 반짝임, 그것이 관계의 윤슬입니다.

정렬된 거리두기는 관계를 끊기 위한 기술이 아닙니다. 더 높은 마음으로 관계의 장을 바라보기 위한 준비입니다. 당신과 나는 떨어진 점이 아니라, 보이지 않는 결로 엮인 하나의 직물입니다. 당신 안에서 일어난 작은 정렬, 당신이 선택한 단단한 침묵,

당신이 새로 품은 시선은 보이지 않는 파장을 타고 관계의 장 전체로 번져 갑니다.

정렬된 사람은 무례한 사람을 '용서할 대상'으로만 보지 않습니다. 그 사람 안에도 아직 깨어나지 못한 윤슬, 상처와 조건에 가려진 본래의 결이 있음을 압니다. 그러나 그 사실에 휘말리지는 않습니다. 당신은 정렬된 거리두기로 자신의 결을 지키되, 마음속 깊이 이렇게 선언해야 합니다.

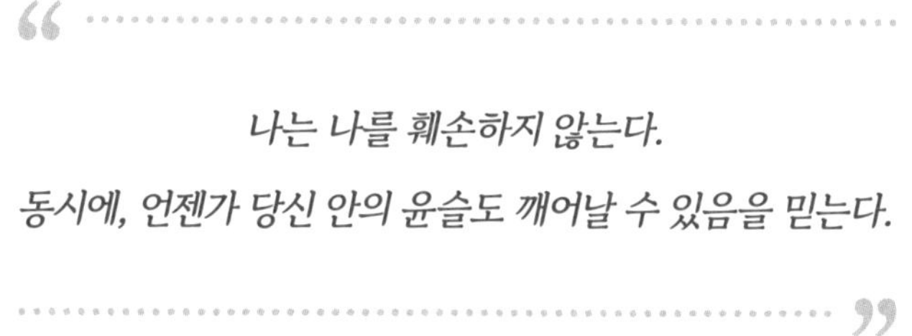

이 믿음이 바로 높아진 마음입니다. 정렬된 거리두기가 나를 보호하는 방패라면, 이 높은 마음은 관계의 장을 서서히 바꾸는 보이지 않는 빛입니다. 그래서 창조자는 이렇게 말할 수 있는 것입니다.

이러한 믿음이 있을 때, 정렬은 개인의 생존 기술이 아니라, 세상을 조금씩 밝히는 선한 영향력이 됩니다. 그리고 그 시작은 자동 반사가 아닌, 당신 안의 결을 곧게 세우는 정렬된 거리두기에서 비롯됩니다.

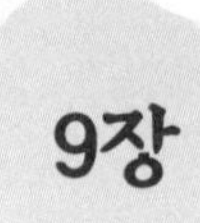

9장

당신의 이야기&우리 모두의 이야기

결핍 속에서 100번 외치지 마십시오.

'정렬' 속에서 단 한 번 새기고, 단 한 번 먼저 보십시오.

결핍된 100번보다 정렬된 1번이 우주를 움직입니다.

1. '새기다'와 '먼저 보다', 정체성 위에 결과를 새기는 방식

1부에서 당신은 21일의 정렬 여정을 통해 '나는 무너져도 다시 돌아올 수 있는 사람이다'라는 것을 증명했습니다. 2부에서 당신은 생각의 틀을 해독했습니다. 당신을 가두던 새장이 실체가 아니라 낡은 해석이 만들어낸 허상에 불과하다는 사실을 알아차린 것입니다.

이 장에서는 그 깨달음을 삶의 결로 고착화할 것입니다. 몸이 익히고 생각이 이해한 원리를 이제는 당신의 기본값으로 만들어야 합니다. 흔들릴 때마다 새로 결심하는 사람이 아니라, '귀환'이라는 선택이 자동으로 나오는 사람이 되는 단계로 나아가야 합니다. 이 장은 새로운 챌린지를 더 없는 장이 아닙니다. 오히려 반대입니다. 당신 안에 이미 깨어난 원리들을 딱 3분짜리 하나의 루틴으로 묶어, 66일 동안 삶의 자동 루프로 녹여 넣는 장입니다.

9장의 핵심은 하나입니다. 당신이 바꾸지 못한 것은 현실이 아니라, 불가능이 정체성으로 새겨진 '자리'였습니다. 그래서 이 장은 그 자리에 가능성의 정체성을 다시 새기고, 먼저 본 창조자의 시야로 지금을 바라보게 할 것입니다. 결국, '새기기'는 문장을 쓰는 일이 아니라 정체성을 다시 쓰는 일이고, '먼저 보기'는 그림을 그리는 일이 아니라 관점의 주체를 바꾸는 일입니다.

많은 사람은 바뀌고 싶다고 말하지만 실제로는 익숙함의 관성을 지키며 삽니다. 변화의 루틴을 지속하지 못하는 이유는 의지가 약해서가 아닙니다. 예전의 나로 살아도 아직 괜찮은 세계가 남아 있기 때문입니다.

이 책의 질문은 단순합니다. 지금의 삶이 당신의 기준인가요, 아니면 익숙함의 관성인가요?

2. 몸의 언어: 창조의 공간을 여는 '숨'

이 장에서 숨은 3분 루틴의 한 요소가 아닙니다. 숨은 당신이 하루 종일 깔아두어야 할 바탕 상태입니다. 생존 루프에 갇힌 뇌는 '또 실패할 거야', '너는 원래 그런 사람이야'라고 과거의 경보를 계속 울립니다. 이때 의지와 각오로 맞서 싸우면 오히려 그 서사는 더 깊게 새겨질 뿐입니다.

그래서 우리는 싸움을 멈추고, 먼저 '틈'을 엽니다. 조용히 코로 들이쉬고, 더 길게 내쉽니다. 내쉬는 숨이 길어질수록 미주 신경은 몸에게 말합니다. '이제 안전하다'라구요. 몸이 위협 모드에서 빠져나오면 편도체의 경보가 잦아들고, 그 자리에 전두엽, 즉 선택하는 내가 다시 들어섭니다.

이 짧은 호흡이 낡은 자동 반사와 새로운 선택 사이에 생기는 틈입니다. 숨은 '이렇게 반응하는 수밖에 없다'는 오래된 각본에

칼집을 내는 첫 동작입니다. 정렬 호흡은 단순한 이완이 아닙니다. 그것은 다음과 같은 말을 몸으로 하는 내 안으로부터의 선언입니다.

· 나는 이 감정보다 크다.
· 나는 이 상황보다 크다.
· 나는 선택할 수 있는 존재다.

숨을 고르는 10~30초 이 작은 틈이 9장의 모든 루틴이 흘러 들어갈 창조의 자리가 됩니다.

🩶 창조자의 뇌 한 컷①: 왜 숨이 먼저인가

감정이 격해지면, 뇌의 경보 시스템편도체은 이성을 담당하는 전두엽을 뒤로 밀어냅니다. 이때 길게 내쉬는 호기呼氣는 몸의 '휴식 스위치'인 미주신경을 자극해 위협 모드를 낮추고, 생존 모드를 창조 모드로 전환할 물리적인 공간을 만듭니다. 숨은 의지가 아니라 신경계 차원에서 새 선택이 들어설 자리를 여는 가장 빠른 스위치입니다.

3. 말의 언어: '쓰는 것'이 아니라 '새기는 것'

왜 수많은 자기계발서에서 말하는 '쓰기 100번', '다짐 100번'이 결국 공허한 메아리로 끝나는 걸까요. 이유는 단순합니다. 결핍의 자리에서 풍요를 적기 때문입니다.

전두엽은 그 문장을 이해하지만, 몸과 세포에 이미 새겨진 오래된 '결'은 이렇게 속삭입니다. '아니야, 우리는 다 알고 있어. 넌 원래 그런 사람이야.' 그래서 이 책에서는 이것을 '쓰기'라고 부르지 않고, '새기기'라고 부릅니다.

'쓰기'는 생각을 종이 위로 옮겨 머리에 흔적을 남기는 일입니다. '새기기'는 정렬된 상태에서 존재 전체에 정체성을 세우는 일입니다. '쓰기'는 때로 우리의 의지에 불을 붙이고 무언가를 이루기 위한 계획과 동기를 만들어 주기도 하지만, 이 정도로는 삶의 '결'이 바뀌지 않습니다. 그러나 '새기기'는 정렬된 상태에서 영·마음·몸 전체에 정체성을 세워 결국 삶의 결에까지 새기는 창조 행위입니다.

정렬되지 않은 채 쓰인 문장은 생존 루프 안에서 움직이는 전략일 뿐, 존재의 결을 다른 차원으로 옮기지는 못합니다. 반면에 '새기기'는 정렬된 상태에서 영과 마음과 몸을 한 언어로 맞추어, 세포의 기억과 보이지 않는 결 자체를 서서히 바꿉니다. 이 결이 바뀔 때, 우리는 단지 무엇을 더 갖는 사람이 아니라, 마치 윤슬처럼 존재 자체로 빛을 비추는 본질적 자아로 드러납니다.

소유는 바뀐 결 위에 자연스럽게 따라오는 결과일 뿐입니다. 그래서 이 책은 말합니다. "낡은 각본과 싸우지 마라. '나는 안 돼'라는 문장을 지우고, '나는 된다'를 덮어 쓰는 싸움에 더 이상 에너지를 낭비하지 마라"라고 말입니다.

이김은 싸움이 아니라 '정렬'에 있습니다. 이미 세포까지 스며든 생존 루프는 억누르고 밀어낼수록 더 거칠게 튀어 오릅니다. 당신이 할 일은 낡은 루프를 '없애려' 애쓰는 것이 아니라, 그것이 올라오는 순간 그저 알아차리고, '아, 오래된 각본이 또 재생되고 있구나' 하고 지나가게 내버려두는 것입니다.

판단 없이 바라보며 에너지를 낡은 서사와 싸우는 데 사용하지 말고, 새로운 정체성을 새기는 데 사용하십시오. 그 사이, 낡은 회로는 자연스럽게 쇠퇴하고, 희미해지며, 다음과 같이 새로운 정렬 루프가 만들어집니다.

· 나는 오늘, 내 중심에서 응답한다.

· 나는 비교 대신 나의 방향을 고른다.

· 나는 나의 결을 지킨다.

이 문장들은 그저 '좋은 말'이 아닙니다. 정렬된 상태에서 단 한 번이라도 새긴다면, 그 문장은 뇌 안에 새로운 길을 낼 것입니다. 그리고 매일 반복한다면, 그 길은 단단한 새 루프가 되어 위기가 올 때마다 당신을 제자리로 되돌려 놓을 것입니다. 그러므로 '새기기'는 '오늘부터 이렇게 살겠습니다'라는 막연한 다짐이 아닌 '나는 이미 이런 존재다. 오늘, 그 존재를 선택한다'라는 정체성의 명령입니다.

🔵 창조자의 뇌 한 컷②: '새기기'와 신경가소성

'새기기'는 신경가소성을 가장 의식적으로 사용하는 방식입니다. 정렬된 상태에서 같은 정체성 문장을 반복하면, 뇌는 그 길을 기본 경로로 채택합니다. 그 결과, 위기 상황에서도 이전의 자동 반사 대신, 새로 새긴 정체성으로 점점 더 자주 귀환하게 됩니다.

4. 침묵의 언어: '먼저 보다', 미래의 나와 공명하는 행위

저는 '먼저 보다'를 단순한 시각화라고 말하지 않습니다. 시각화가 '기술'이라면, '먼저 보다'는 '관점'의 문제입니다. '먼저 본다'는 것은 없는 것을 억지로 상상해 내는 일이 아닙니다. 그것은 새로운 가능성을 만드는 행위가 아니라, 당신 안에 원래 있던 가능성을 '기억해 내는 행위'입니다. 이미 당신 안의 본질적 자아는 알고 있습니다. 당신은 자신이 도달할 높이와 끝내 살게 될 삶의 결을 이미 알고 있기 때문입니다.

당신의 잠재 능력은 아직 오지 않은 것이 아닙니다. 아직 살아 내지 않았을 뿐, 이미 당신 안에 '알려진 미래'로 존재합니다. 그래서 '먼저 보기'는 미래를 그리는 작업이 아닙니다. 이미 알고 있던 자리로 내 마음을 되돌려 보내는 '귀환'의 과정입니다. 이 순간, 삶의 문법이 바뀝니다. '될까?'라는 의문은 '이미 있다'라

는 확신으로 바뀌고, '바라본다'는 관망은 '살아낸다'는 실천으로
변합니다.

혹시 기쁘지도, 설레지도 않았던 그 공허한 아침을 기억하시
나요? 그 감정은 당신이 실패했다는 증거가 아니었습니다. 당
신 안의 본질적 자아가 '먼저 본' 넓은 삶과, 지금의 좁은 삶 사이
에서 발생한 '정렬의 신호'였습니다. 그 신호는 당신에게 이렇게
속삭이고 있었습니다. '이 길이 아니다. 당신의 자리는 여기보다
훨씬 크다.'

그렇다면 '먼저 보기'란 구체적으로 무엇일까요. 그것은 당신
안에 '정답'처럼 저장되어 있던 더 큰 나와 의식적으로 다시 접
속하는 행위입니다. 숨으로 틈을 열고, 정렬의 문장으로 귀환한
후, 눈을 감고 조용히 물어보십시오.

> 나는 지금 어떤 자리에서 나를 바라보고 있는가?
> 역할과 지위의 자리인가, 본질적 자아의 자리인가?

이 질문은 답을 길게 찾으라는 뜻이 아닙니다. 본질의 자리

는 거창한 이상이 아니라, 오늘 당신이 선택하는 '결'에서 드러납니다. 그러니 이제부터는 당신의 선택을 크고 위대하게 바라보십시오. 내가 서고 싶은 자리의 높이, 내가 살고 싶은 결의 방향, 내가 끝내 돌아가야 할 본질의 언어를 먼저 세우십시오.

여기서 말하는 '크다'는 사회에서 말하는 화려한 성취가 아닙니다. 본질적 자아의 자리에서 나온 선택이라면 아주 작은 것이라도 위대한 것입니다. 정렬된 자리에서 잠시 멈추는 침묵, 높아진 마음으로 건네는 작은 미소, 반사적인 화 대신 선택하는 짧은 호흡 한 번, 이것들이야말로 겉으로는 작아 보일지라도 가장 깊은 자리에서의 선택이기에 큰 것입니다. 이처럼 높은 자리에서 나온 작은 선택 하나가, 낮은 자리에서 나온 그 어떤 큰 행동보다 강력합니다.

자, 이러한 관점에서 보면 '먼저 본다'는 의미가 이제 확실해졌을 것입니다. 그것은 대단한 장면을 상상하는 일이 아닙니다. 본질의 자리에서 이미 알고 있던 방향으로 지금의 나를 '한 걸음 옮기는 일'입니다.

사람에게는 누구나 고유의 결이 있습니다. 그리고 그 결에서 뿜어져 나오는 파동은 때로는 말보다 더 정확하고 강력하게 세상과 공명합니다. 이 짧은 한 걸음, 그 고유한 결의 파동은 당신의 내면 세계뿐 아니라 타인과의 관계, 나아가 당신을 둘러싼 장Field 전체를 바꿉니다. 당신의 결이 높아질수록 상대가 이유 없이 고요해지는 신비로운 경험도 바로 여기서 시작됩니다.

그 파동이 작아 보이지만 위대한 이유는 단 하나입니다. 그 선택이 당신의 가장 깊은 본질적 자아의 자리에서, 당신만의 고유한 결을 따라 흘러나왔기 때문입니다. 자리는 눈에 보이지 않지만, 그 자리에서 출발한 선택은 반드시 현실 세계를 바꿉니다.

결국 '높아진 마음'으로 지금 이 순간의 결을 선택하는 것, 그것이 이 책이 말하는 '먼저 보기'의 핵심입니다.

뇌는 감정이 실린 장면을 만나면 그것이 상상인지 현실인지 따지지 않습니다. 레몬을 베어 물기만 해도 침이 고이듯, 감사와 기쁨이 실린 '먼저 보기'는 뇌와 몸에 이미 일어난 일처럼 기록됩니다. 그래서 '먼저 보기'는 현실 도피가 아닙니다. 현실을 다시 쓰기 위한 '감정의 리허설'입니다. 결국 '먼저 본다'는 것은 이렇게 선언하는 일입니다.

🔵 창조자의 뇌 한 컷③: 먼저 보기와 도파민

뇌는 '현실'과 '생생한 상상'을 감정 수준에서 잘 구분하지 못합니다. 감사와 기쁨이 동반된 장면은 미래의 보상을 이미 받은 것처럼 느끼게 하고, 그때 분비되는 도파민은 몸을 움직이는 행동 에너지가 됩니다. '먼저 보기'는 이 도파민을 의도적으로 정렬된 방향으로 사용하는 훈련입니다.

5. 3분 '존재 정렬': 66일 셀프 정렬 여정의 심장

66일은 7일 루틴을 9번 반복한 63일에, 마지막 3일의 '축복합니다'를 더해 완성됩니다.

이제부터의 66일은 '더 노력하는 시간'이 아니라, '다른 존재로 정착하는 시간'입니다.

2장에서 연습했던 '금쪽 3분 루틴: 아침 정렬'을 이제 한 단계 더 들어간 '존재 정렬 3분'으로 확장할 것입니다. 이 3분은 '무엇을 가질 것인가'가 아니라, '어떤 존재로 설 것인가'를 정렬하는 시간입니다.

이제 이 모든 것을 하루에 단 3분, 하나의 루틴으로 모읍니다. 이 3분이 당신의 66일을 관통할 핵심 루프입니다. 이 3분을 66일 붙잡지 못하면, 당신은 다시 익숙한 세계로 돌아가게 됩니다.

■ 하루 3분: 존재 정렬 루틴

1분째. 귀환: 첫 시작 1분

- **의도:** 생존 루프의 소음을 끄고, 본질적 자아의 '결'로 귀환합니다.
- **물리적 정렬:** 척추를 곧게 세우고 앉습니다. 척추는 에너지가 흐르는 통로이자 정렬의 물리적 축입니다.

· **6-3-12 정렬 호흡:** 코로 6초 깊게 들이마시고, 3초 머문 뒤, 12초 아주 길게 내뱉습니다.

· **신경계 리셋:** 길게 내쉬는 숨에 모든 분열과 긴장을 실어 보내십시오. 숨이 끝나는 찰나의 정적 속에서, 어떤 외부 자극도 닿지 않는 당신만의 '고요한 자리'를 인지하십시오.

2분째. 새기기: 다음 1분 (아는 힘: 사랑)

· **의도:** 당신은 이제 스스로를 정확히 인식하는 '아는 자'의 상태가 됩니다.

· **정체성 선택:** 오늘 당신이 살아가고자 하는 정체성 문장 하나를 선택합니다.

※부록의 [정렬 문장 라이브러리] 참고

· **체휼:** 문장을 마음속으로 천천히 울리며, 그 울림이 몸의 어디에 닿는지 관찰하십시오. 가슴의 온기, 명치의 이완, 혹은 호흡의 깊이 변화를 감각하는 것이 핵심입니다.

· **새기기:** 이 미세한 신체 반응을 느끼는 순간, 문장은 머리를 떠나 몸이 기억하는 존재의 결로 새겨집니다. 당신은 이제 스스로를 정확히 인식하는 '아는 자'의 상태가 됩니다.

3분째. 먼저 보기: 마지막 1분(이기는 힘: 감사)

- **의도:** 가장 높은 마음의 자리에서 결과를 미리 누리고, '이기는 힘'인 감사로 완성을 고정합니다.
- **자리 잡기:** 모든 것을 창조할 수 있는 '본질적 자아의 자리'에 앉으십시오. 그 자리는 비난도, 의심도, 결핍도 없는 절대적 평온의 자리입니다.
- **내려다보기:** 그 높은 마음의 자리에 서서 오늘 당신이 만날 사람과 당신이 겪을 일들을 내려다보십시오. 당신의 정렬된 결을 따라 모든 것이 이미 조화롭게 풀려나가는 장면을 목격하십시오.
- **미리 감사:** 아직 보이지 않아도 이미 받았음을 확신하며 '미리 감사'하십시오. 감사는 결핍의 회로를 끊고, 완성을 고정하는 '이기는 힘'입니다.

이 3분이 끝날 때, 당신의 뇌와 몸은 이미 새로운 미래를 한 번 살아본 이김의 결로 오늘을 시작하게 됩니다.

■ 66일 여정의 마지막 페이지: 3일 동안 축복합니다

64일차. 영(Spirit)의 축복
– 나는 연결되어 있다

· **의미:** 모든 창조의 근원인 보이지 않는 지성과 당신의 본질이
완전히 정렬되었음을 받아들이는 날입니다.
· **행동:** 오늘 하루는 무엇을 얻으려 애쓰지 마십시오. '나는 근원과
하나이며, 이미 무한한 가능성 안에 있다'는 사실을 고요 속에서
느끼기만 하십시오.
· **정렬 문장:** '나는 보이지 않는 지성과 연결된 공동 창조자입니다.'

65일차. 마음(Mind)의 축복
– 나는 이미 받았다

· **의미:** 소망이 이미 현실이 되었음을 확신하는 힘, 곧 감사의
에니지를 마음에 채우는 날입니다.
· **행동:** 당신이 먼저 보았던 미래의 장면들이 이미 현실의 좌
표로 고정되었음을 믿고 기뻐하십시오. '과연 될까?'라는 의

구심과 의문이 사라진 자리에 '이미 있음'의 평정심을 채우
십시오.
- **정렬 문장:** '나의 모든 소망은 이미 이루어졌으며, 나는 이를
감사로 받습니다.'

66일차. 몸(Body)의 축복
– 나는 윤슬이 되었다

- **의미:** 이제 당신의 존재 자체가 메시지가 됩니다. 당신이 머무
는 곳마다 당신의 결이 주변을 밝히는 윤슬의 상태임을 선포
하십시오.
- **행동:** 거울 속의 자신을 바라보며 '새장은 처음부터 없었다.
나는 이제 자유롭게 날아오른다'라고 말해주십시오. 오늘
당신의 미소와 친절은 세상에 뿌려지는 창조자의 빛이 됩
니다.
- **정렬 문장:** '나는 나로서 충분하며, 존재 자체로 빛나는 윤슬
입니다.'

6. 당신과 우리가 해온 66일 여정의 마무리

아침마다 아이에게 먼저 소리치던 워킹맘 J

아침마다 아이에게 먼저 소리치던 워킹맘 J. 그녀는 '새기기'에서 '나는 사랑하는 방식으로 말한다'를 정체성 문장으로 고정했습니다.

다섯째 날 아침, 또 목구멍까지 올라오는 소리를 느끼는 순간, J는 단 10초 동안 '귀환의 숨'을 내쉬었습니다. 그리고 속으로 '나는 이 감정보다 크다'라고 말했습니다. 그 10초의 정렬이 새로운 하루를 만들었습니다. 그것은 '나는 짜증뿐인 사람이 아니다'라는 새로운 자기 인식을 여는 승리의 기록이 되었습니다.

승진 소식을 접할 때마다 무너져 내리던 30대 K

K는 '넌서 보기'에서 '회의가 끝난 뒤, 동료의 눈을 똑바로 보며 미소 짓는 나의 장면'을 매일 3분씩 품었습니다. 아직 승진 발령은 나지 않았습니다.

하지만 얼마 지나지 않아 K의 표정은 달라졌습니다. 아침마다 남의 점수표로 시작되던 하루가, 이제는 '나는 오늘 내 결을 지킨다'는 존재의 정렬로 시작되었기 때문입니다.

자신의 결을 세워 성과를 창출한 팀장 S

매일 '나는 조직 안에서 나의 고유한 결로 기여하며 번영한다'를 새겼던 팀장 S의 이야기도 있습니다. 그는 '먼저 보기'를 통해 동료들과 함께 성공적인 결과물을 축하하는 장면을 매일 3분씩 높은 마음의 자리에서 내려다보았습니다. 결과는 놀라웠습니다. 막연한 자신감이 아니라 실제로 그의 '결'이 변하기 시작했습니다. 회의에서 그의 말에는 '고요한 확신'이 실렸고, 동료들은 그의 정렬된 존재감에 이끌려 스스로 움직이기 시작했습니다. 그의 66일은, 그가 속한 팀 전체의 성과를 이끌어내는 '번영'의 증거가 되었습니다.

관계의 주도권을 선물받은 기획자 L

'생각 따로 말 따로'로 늘 속앓이하던 기획자 L의 이야기도 있습니다. 그녀는 '나는 나의 감정을 존중하며, 나와 타인을 훼손시키지 않는 힘으로 말한다'를 정렬 문장으로 삼았습니다. 그리고 '먼저 보기'를 통해 가장 어려운 상대 앞에서 평정심을 유지하며 의견을 말한 뒤, 안도하는 자신의 모습을 미리 리허설했습니다. 그 결과, 그녀는 더 이상 감정을 숨기거나 폭발하지 않고 자신의 결을 지키는 '힘 있는 화법'을 체득했습니다. 궁극적으로 정렬은 그녀에게 '관계의 주도권'이라는 창조의 선물을 안겨주었습니다.

한때는 저도 '나는 원래 안 돼'를 정체성처럼 품고 살았습니다. 과거의 실패는 증거였고, 현재의 고통은 판결이었습니다. 저는 먼저 '말의 언어'로 그 낡은 서사를 해독했고, '침묵의 언어'로 먼저 본 높은 마음을 오늘로 데려오는 훈련을 반복했습니다. 그리고 비로소 깨달았습니다. 과거는 더 이상 나를 규정하는 감옥이 아니라, 새로운 나를 만들기 위한 소중한 자원이 될 수 있다는 것을 말입니다.

이제 당신 차례입니다. 숨으로 틈을 열고, 정렬의 언어로 귀환하십시오. 그리고 그 자리에서 당신의 본질을 깨우는 단 한 문장을 새기십시오. 마지막으로 그 문장이 이미 살아난 장면을 단 한 컷이라도 먼저 보십시오. 그렇게 66일 동안 당신만의 작은 증거들을 모으십시오.

잊지 마십시오. 정렬은 시작입니다. 귀환은 기술입니다. 창조
는 그 자연스러운 결과입니다.

이 9장은 당신의 이야기이자, 우리 모두의 이야기입니다. 이제
10장에서 우리는 한 걸음 더 나아갈 것입니다. 정렬된 존재가
세상 위에 만들어내는 빛, '윤슬'이라는 황금률의 완성을 향해서
말입니다.

10장
창조자의 황금률: 존재로 현실을 움직인다

우리는 긴 여정을 통과하며 단 하나의 진실을 마주했습니다. 세상은 당신 '밖'에서 일어나는 무작위의 사건이 아니라, 당신 '안'에서 일어나는 '결'에 대한 '공명'이라는 사실을 말입니다. 이 것이 당신이 앞으로 살아갈 창조 루프의 유일한 나침반이 될 것입니다. 우리는 이 궁극의 작동 원리를 '창조자의 황금률'이라 부릅니다. 이것은 '행위의 법칙'이 아니라 '존재의 법칙'입니다. 그 법칙은 다음과 같은 단 하나의 문장으로 요약됩니다.

> *당신의 내면이 곧 당신의 외면이 된다.*

　창조자의 삶은 '무엇을 하느냐'가 아니라 '어떻게 존재하느냐'에 관한 것입니다. 그리고 그 존재 방식은 매 순간의 '선택'으로 결정됩니다. 1장에서 우리는 '윤슬'이라는 씨앗을 심었습니다. 보이지 않는 지성의 빛, 생명력의 산소, 환기의 바람에 결을 맞출 때 물 위에 떠오르는 반짝임. 그 윤슬은 존재 그 자체로 빛나는 삶의 은유였습니다.

　앞에서 당신은 3분 존재 정렬 루틴을 통해 숨을 고르고, 나를 새기고, 먼저 보기를 연습하며, 정렬된 정체성으로 하루를 여는 방법을 배웠습니다. 이제 마지막 10장에서는 그 정렬된 정체성이 시간과 과정을 통과해 어떻게 현실이 되는지, 그리고 마침내 당신의 존재가 어떤 메시지로 세상에 서게 되는지를 보여줄 것입니다.

1. 황금률1: 과거에서 벗어나라

　매일 아침 눈을 뜨면 당신은 어김없이 '오늘'을 맞이합니다. 당신의 몸은 어제의 시간이 아닌 오늘의 시간 속에서 숨을 쉽니다. 이것은 누구도 부정할 수 없는 물리적인 진실입니다.

그런데 어째서 당신의 마음은 여전히 '어제'라는 유령의 집에 갇혀 있을까요. 왜 십 년 전 그곳에서 들었던 비난의 목소리를, 바로 지금, 여기에서 다시 재생하고 있을까요. 몸은 현재에 있지만, 마음은 과거의 감옥에 갇혀 있는 이 기괴한 불일치. 이것이 바로 우리가 해독한 '정체성 루프'이자, 당신의 창조를 가로막는 가장 큰 걸림돌입니다.

과거의 상처와 실패의 이야기는 더 이상 당신의 실체가 아닙니다. 그것은 당신이 무의식적으로 반복 재생하던 낡은 레코드판일 뿐입니다. 뇌는 익숙한 고통을 낯선 가능성보다 안전하다고 착각하며, 그 레코드판을 계속 틀어달라고 요구합니다. 이제 그만, 그 레코드판을 뒤집어야 합니다.

'과거를 놓아주라'는 말은 기억을 지우라는 뜻이 아닙니다. 그저, 더 이상 그 노래의 재생 버튼을 누르지 않겠다고 지금 여기에서 결정하는 일일 뿐입니다. 과거의 장면이 떠오를 때, 그 속에 갇혀 나를 재단하는 대신, 이렇게 선언해 보세요.

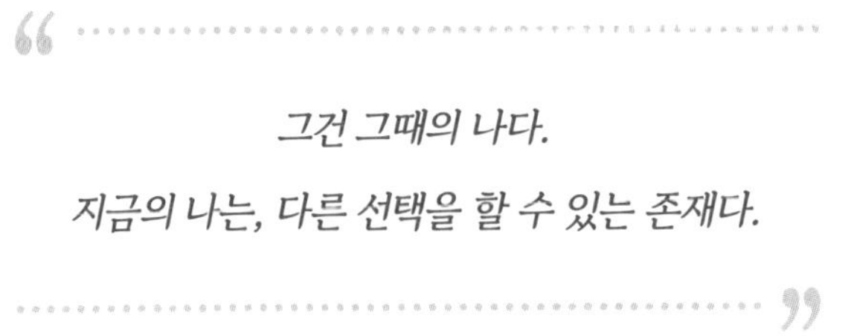

당신의 힘은 오직 지금, 여기에만 존재합니다. 과거는 이미 재가 된 시간이고, 미래는 아직 정해지지 않은 가능성일 뿐입니다. 창조는 언제나 지금 여기에서만 시작됩니다. 과거의 유령에게 더 이상 오늘의 에너지를 먹이지 마세요. 그 순간, 당신은 비로소 창조가 일어나는 유일한 지점, 현재에 바로 서게 됩니다.

2. 황금률2: 과정을 신뢰하고, 실행으로 증명하라

소망은 이루어질 수 있는 약속이며, 비전은 언젠가 밝혀질 현실입니다. 그렇기에 우리는 계획과 결과 사이의 보이지 않는 '과정'을 신뢰해야 합니다.

'과정'은 고유한 것입니다. 그것은 누구도 대신할 수 없는 당신만의 경험이기에, 당신의 가장 고유한 능력이 됩니다. 능력이란, 목표를 이뤄낸 과정이 있는 사람에게 주어지는 힘입니다. 과정을 경험하지 않은 말은 명확하지 않으며, 다른 사람에게 영향력을 미치기 어렵습니다. 그래서 이 책은 말합니다.

당신은 '숨-새기기-먼저 보기'라는 3분 존재 정렬 루틴을 배웠습니다. 이제 그 루틴을 삶의 장기 프로젝트 위에 올려두는 법을 배울 차례입니다. 정렬된 자리에서 소망을 새기고, 그 소망이 이미 이루어진 감정을 먼저 느끼며, 그 감정에 맞는 작은 실행을 매일 한 걸음씩 쌓아가는 것, 바로 이것이 '과정을 신뢰한다'는 말의 실제 모습입니다.

여기서 이 책 전체를 관통하는 창조의 법칙을 한 번 더 정리하면 다음과 같습니다.

■ 창조자의 황금률 안에 숨은 창조의 법칙

1. **만물은 '보이지 않는 지성'으로 창조되었습니다:** 세상은 우연이 아니라, 질서와 생명의 방향을 가진 흐름 위에 있습니다.

2. 우리가 성장할수록, 우리의 지성은 그 보이지 않는 지성과 '의도'가 맞아갑니다: 의도가 맞아간다는 것은, 두려움에 반응하는 자아가 아니라 본질적 자아의 자리에서 선택하며 살아간다는 뜻입니다.

3. 그때 우리는 '공동 창조자'가 됩니다: 현실은 바깥에서 결정되는 것이 아니라, 내가 무엇을 믿고 무엇에 머무는지에 따라 새롭게 설계되기 시작합니다.

4. 그러려면 생존 루프에서 벗어나야 합니다: '아는 힘(사랑)'과 '이기는 힘(감사)'으로 결을 바꾸고, 정렬과 귀환으로 그 믿음을 삶에서 증명해야 합니다.

창조의 위대한 질서조차, '있어라'라는 선언이 곧바로 '보시기에 좋았더라'라는 완성으로 이어지지 않았습니다. 그 사이에는 반드시 어둠이 내려앉는 저녁의 시간과 빛이 다시 떠오르는 아침의 시간이 있었습니다. 우리 역시 마찬가지입니다. 정렬된 소망을 새기고도 아직 바뀌지 않은 외부 현실을 볼 때, 우리는 흔들립니다. '정말 되는 걸까?'라는 의심이 과정을 향해 던지는 첫 돌입니다.

이때 기억하십시오. 외부 현실은 원인이 아니라 결과라는 것을요. 지금 눈앞의 상황은 과거의 생각과 감정이 남겨둔 메아리일 뿐입니다. 내가 오늘 새로 정렬한 소망과 내일의 현실 사이에는 언제나 시간과 과정이라는 다리가 필요합니다. 그러므로 눈앞에 보이는 혼란 때문에 벌써부터 결론을 내리지는 마십시오. 혼란은 실패의 증거가 아니라, 새로운 정체성이 자리 잡는 중이라는 신호일 수 있습니다.

당신이 할 일은 단 하나입니다. 의심할 시간에 먼지처럼 작은 실행이라도 한 걸음 내딛고, 메일 한 통, 문장 세 줄, 전화 한 번을 하는 것입니다. 그 작은 실행들이 모여 당신만의 나이테가 되고, 마침내 능력이 됩니다.

그러니 조급해하지 마세요. 당신의 여정을 신뢰하세요. 위대한 창조는 거대한 결심이 아니라, 외부의 현상에 흔들리지 않고 내면의 원인을 신뢰하며 내딛는 이 사소해 보이는 한 걸음들 위에서 완성됩니다.

3. 황금률3: 선한 영향력

황금률의 마지막 단계는 '선한 영향력'입니다. 세상에서 말하는 영향력이란 얼마나 많은 사람에게 알려졌는지, 얼마나 큰 무대를 차지했는지, 얼마나 주목받는지를 뜻합니다. 그러나 이 책은 '선한 영향력'에 대해 말합니다.

선한 영향력이란 당신이란 존재로 인해 누군가가 다시 일어나고, 자신의 가치를 깨닫게 되는 힘을 말합니다. 이 힘은 특별한 누군가가 '갖는 것'이 아니라, 당신이 본래의 자신으로 돌아갈 때 '되는 것'입니다. 그래서 이 책에서는 황금률의 완성이 세상을 위해 당신이 할 수 있는 가장 훌륭한 일은 바로 당신 자신을 최고로 성장시키는 것이라고 말합니다.

생존 루프에서는 타인을 바꾸려 애쓰거나, 자신을 희생하며 돕는 것이 선하다고 믿습니다. 그러나 결핍의 에너지로는 누구도 진정으로 일으켜 세울 수 없습니다.

창조 루프는 압니다. 당신이 가난한 사람을 돕는 가장 효과적인 방법은, 그와 함께 가난하게 머무는 것이 아니라 당신 스스로 풍요로워지는 모습을 증명하는 것임을. 당신이 경쟁이 아닌 창조의 방식을 택하고, 비교의 사다리에서 내려와 자신의 고유한 길을 걸어갈 때, 그리고 '숨-새기기-먼저 보기'로 매일 잠재 능력을 남김없이 실현해 갈 때, 당신의 존재 자체는 다른 사람들에게 '이것이 가능하다'는 강력한 메시지가 됩니다. 당신은 그들에게 물고기를 주는 사람이 아니라, 그들 안에 잠들어 있던 바다를 보여주는 등대가 됩니다.

4. 황금률의 완성: 존재가 발하는 빛

황금률은 단지 "내가 대접받고 싶은 대로 남을 대하라"는 도덕적 교훈에서 끝나지 않습니다. 정렬의 관점에서 볼 때, 황금률은 "내가 되고 싶은 존재의 결로, 지금 내 앞의 사람을 대하라"로 확장됩니다. 생존 루프에 갇힌 황금률은 종종 "내가 이렇게 해줬으니, 너도 나에게 이렇게 해라", "내가 희생했으니, 너도 나를 책임져라"와 같이 변질됩니다. 이것은 교환이고 거래이지, 진정한 의미의 황금률이 아닙니다.

창조자의 황금률은 다릅니다. 창조자는 내 안의 윤슬을 먼저 세웁니다. 그리고 그 윤슬의 결로 상대를 대합니다. 또한 상대가 당장 변하지 않아도, 나의 결을 흐트러뜨리지 않습니다. 창조자로서 당신이 타인에게 줄 수 있는 가장 위대한 선물은 '창조자의 시선'으로 상대를 바라보는 것입니다.

'보이지 않는 지성'이 작은 씨앗 안에 거대한 떡갈나무의 가능성을 보듯, 우리도 그렇게 누군가를 볼 수 있습니다. 겉으로는 작고 약한 존재일지라도, 그 안에 숨겨진 무한한 가능성과 본질을 먼저 바라볼 수 있습니다 그 눈으로 보면, 우리는 더 이상 상대를 판단하거나 상대와 경쟁하지 않습니다. 당신이 말없이 한 사람의 가능성을 믿어준 순간, 그 사람은 삶에서 처음으로 자신의 떡갈나무를 보기 시작합니다.

선생님 우리집 감이에요
- 진달래

집이 곧 세상인 아이가 말했다.

"선생님 우리집 감이에요."

아이는 감을 건넸고, 나는 세상을 받았다.

선한 영향력은 '무엇을 주었느냐'가 아니라, '어떤 존재로서 건

냈느냐'에 달려 있습니다. 우리는 가진 것만 줄 수 있습니다. 자신의 창조적 잠재력을 믿는 사람만이, 타인 안의 가능성도 기꺼이 믿어줄 수 있습니다.

이제 당신은 새로운 규칙으로 살아가기 시작합니다. 더 이상 생존의 서사가 아니라, 창조의 서사로 말입니다. 그것은 조용하지만 강력합니다. 말없이 존재로 증명하고, 감정으로 이끄는 삶. 바로 당신이, 그 삶의 산 증거가 됩니다.

이제, 기쁘고 반갑고 설레는 아침을 맞으세요.

그 아침이, 바로 지금의 당신입니다.

윤슬이 된 당신에게

표지

— 진달래

아파야 했던 사건들, 초라해 보였던 순간들.

돌아보니 모두 표지였다.

보물이 있는 곳으로만 안내하는

집요하고도 친절한 표지.

사건은 종착지가 아니라 표지.

표지가 가리키는 곳은 언제나

'내가 되는 길'

이제 당신은 압니다. 날개는 늘 거기 있었고, 새장은 애초에 밖에 있지 않았다는 것을요. 정렬은 당신을 다른 사람이 되게 하려는 훈련이 아니었습니다. 이미 있던 '본질적 자아'의 결을 다시 세우는 '귀환'의 여정이었습니다. 사랑은 당신이 누구인지 '아는 힘'이었고, 감사는 그 진실을 현실로 가져와 '이기는 힘'으로 만드는 에너지였습니다. 마침내 그 모든 여정을 통과한 지금, 이 책은 다음과 같은 한 문장으로 귀결됩니다.

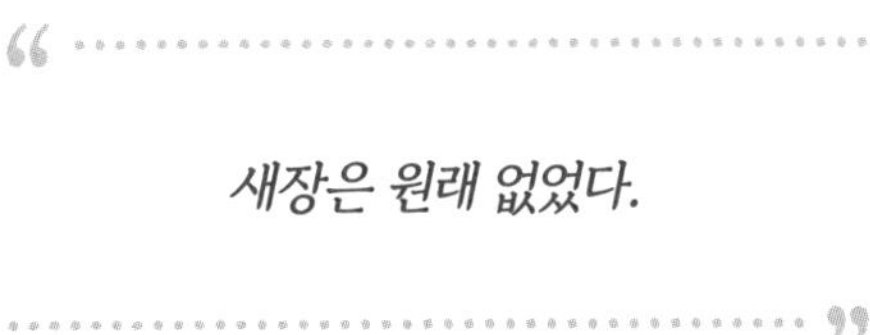

새장은 원래 없었다.

그리고 지금, 그 사실을 말이 아니라 삶으로 증명하는 하나의 윤슬이 세상에 서 있습니다. 그 윤슬의 이름은, 바로 당신입니다.

이제 당신의 날개를 펴세요. 여기 예비된 하늘이 있습니다!

부록

나맘 정렬 문장 라이브러리

정렬 문장은 많이 외우는 것이 아니라, 그날의 결에 맞는 단 한 줄을 고르는 것입니다. 아래에서 지금 내 상태에 가장 가까운 묶음을 고르고, 그중 마음에 남는 문장을 선택해 정렬 호흡과 함께 깊이 새기십시오.

I. 상황별 긴급 정렬: 본질적 자아로의 귀환

1. 자존의 '결'을 세울 때(가치를 잊있을 때)

· 나는 이 세상에 하나밖에 없는 고유한 존재다.

· 나는 지금 이 모습 이대로 완전하고, 충분하며, 충만하다.

· 나의 가치는 타인의 평가나 나의 성과로 증명되지 않는다.

· 나는 나를 무조건적으로 사랑하고, 나의 모든 생각과 경험
  을 존중한다.

· 나는 나의 중심에 단단히 서 있다.

2. 불안과 두려움의 '결'이 덮칠 때(과거/미래에 갇혔을 때)

· 나는 이 감정보다 크다.

· 나는 이 생각을 바라보는 '관찰자'다.

· 나는 지금, 여기에 안전하게 존재한다.

· 모든 것은 나를 '훼손'하기 위해서가 아니라, '성장'시키기 위해 일
  어난다.

· 이 불안은 '사실'이 아니라, 지나가는 '신호'일 뿐이다.

3. 관계와 세상의 '결'에 흔들릴 때(타인에게 휩쓸릴 때)

· 나는 나의 '결'을 지킬 권리가 있다.

· 나는 '반사'하는 대신 '선택'한다.

· 나는 타인의 '결'을 바꾸려 애쓰지 않고, 나의 '고요함'을 지
  킨다.

· 나는 비교의 사다리가 아닌, 나의 고유한 길 위에 서 있다.

· 나는 나의 '고요함'으로 세상과 관계한다.

4. '보이지 않는 지성'과 연결될 때(신뢰가 필요할 때)

· 나는 '보이지 않는 지성'의 빛을 반사하는 '윤슬'이다.

· 나의 '결'은 우주의 '결'과 연결되어 있다.

· 나는 모든 것을 '해결'하려 애쓰지 않고, 모든 것이 '정렬'되도록

  허용한다.

· 나는 '결핍'이 아닌 '풍요'의 '결' 위에서 선택한다.

· 나는 '이미 받은 자'로서 감사한다.

Ⅱ. 8가지 유형별 정체성 재설계(Recode) 언어

1. 경직형(안전, 이완, 존재의 괜찮음)

· 힘을 빼도 안전하다.

· 통제하지 않아도 세상은 무너지지 않는다.

· 내려놓음은 패배가 아니라 회복이다.

2. 예민형(경계, 안정, 해석의 유연성)

· 타인의 감정은 내 감정이 아니다.

· 모든 신호가 위협은 아니다.

· 타인의 표정은 나에 대한 평가가 아닐 수 있다.

3. 완벽주의형(충분함, 과정, 자비)

· 완벽하지 않아도 괜찮다.

· 완벽함보다 진심이 더 중요하다.

· 오늘은 70%면 충분하다.

4. 표현 억제형(용기, 자격, 안전한 표현)

· 내 의견은 가치가 있다.

· 나는 나의 욕구를 말해도 괜찮다.

· '아니오'라고 말해도 사랑은 떠나지 않는다.

5. 과몰입형(균형, 중심, 에너지 회수)

· 나는 나의 에너지를 회수할 수 있다.

· 지나친 책임감에서 벗어나도 된다.

· 잠시 멈춤이 나를 더 깊게 만든다.

6. 자기 비판형(자비, 인정, 존재 가치)

· 내 안의 비판자는 더 이상 나의 주인이 아니다.

· 나는 나에게 친절할 자격이 있다.

· 비판이 아닌 사랑으로 살겠다.

7. 공감 과잉형(경계, 독립성, 자기 보호)

· 나는 모든 사람을 구하지 않아도 된다.

· 타인의 고통은 나의 고통이 아니다.

· 거절해도 사랑받을 수 있다.

8. 회피·단절형(연결, 존재 허용, 안전한 관계)

· 나는 연결될 수 있는 사람이다.

· 가까워져도 자유를 잃지 않는다.

· 나는 도움을 요청해도 괜찮다.

Ⅲ. 특별 부록: '자기 소멸' 루프를 끊는 선언

타인의 감정을 스캔하며 나를 지워가는 분들을 위한 집중 처방

· 타인의 감정은 내가 책임질 일이 아니다.

· 나는 '착한 사람'이 아니라 '진짜 나'로 살아간다.

· 갈등은 위험이 아니라 성장의 일부다.

· 나는 더 이상 타인의 기분을 책임지지 않는다.

부록 2

정렬·귀환 실전 카드

이 부록의 사용법

이 책의 핵심은 '더 많이'가 아니라 '더 자주', '더 작게'입니다. 이 부록은 하루 루틴 3개(아침/즉시/저녁)와 디코드·리코드 1장 프로토콜을 한 번에 꺼내 쓰도록 만든 실행 카드로 만들었습니다.

사용 원칙 3가지

· 하루 1개만 해도 충분합니다. (아침/즉시/저녁 중 택1)

· 이해보다 복귀가 먼저입니다.

· 목표는 인생을 바꾸는 것이 아니라, 조절 게이지 1~2칸입니다.

[상황별로 이것만 고르십시오]

· 지금 폭발/불안/멍함→30초 즉시 귀환(1-2)
· 하루 방향을 잃기 쉬움→아침 정렬 3분(1-1)
· 밤에 자책/후회가 큼→저녁 귀환 3분(1-3)
· 같은 일이 반복됨→디코드 1장(10분)+리코드(3분)
· 시간이 없으면→즉시 귀환만 해도 절반은 성공입니다.

1. 3분 개인 루틴 3종 세트

1-1. 아침 정렬(3분)

목적: 하루의 방향을 먼저 세웁니다.(결과X, 방향O)

① 영(60초)

· '오늘 나는 결과보다 방향에 섭니다.'

② 마음(60초)

· '오늘 내가 붙잡을 해석 기준은 무엇입니까?'

· 기준을 한 문장으로 고정합니다.

③ 몸(60초)

· 호흡을 깊게 하고, 발바닥 감각을 느낍니다.

· '나는 지금 여기에 있습니다.'

1-2. 무너졌을 때 즉시 귀환(30초)

목적: 분석하지 말고, 설명하지 말고, 되돌아오기만 합니다.

① 멈춤(5초)

② 귀환 한 문장(10초)

· '아, 지금 어긋났구나.'

③ 호흡 2회+선택 한 문장(15초)

· '나는 다시 방향으로 돌아간다.'

1-3. 저녁 귀환(3분)

목적: '평가'가 아니라 '복귀'입니다.

① 멈춤(10초)

· 눈을 감고 한 번 숨을 쉽니다.

· '지금 이 순간, 숨쉬며 살았다는 자체가 이김입니다.'

② 오늘의 장면 하나(30초)

· 잘했든 못했든 하나면 충분합니다.

③ 귀환 문장(60초)

· '그 순간에도 나는 최선을 다하고 있었습니다.'

· '나는 나를 비난하지 않고, 평가하지 않고 다시 중심으로 돌아옵니다.'

④ 몸 풀기(20초)

· 턱→어깨→복부 순서로 힘을 뺍니다. 날숨을 길게 한 번 쉽니다.

· '오늘은 여기까지면 충분합니다.'

2. 디코드 1장 지도+리코드 6단계

이 부록의 목적은 '문제 해결'이 아니라, 반복되는 자동반사 루프를 1장 지도로 고정하는 데 있습니다. 시간이 없으면 디코드(10분)→리코드(3분)만 하셔도 충분합니다.

3. 디코드 1장 프로토콜(SABNRL)

목표: 반복 루프를 '한 장'으로 고정합니다. ('사건'이 아니라 '자리'를 봅니다)

3-1. 대표 장면 1개 선택(최근 7일)
· 강도보다 반복성을 우선합니다.
· 장면은 1개만 고릅니다.

3-2. SABNRL 해독(각 1~2문장)
· S(자극/장면): 팩트 1문장(해석 금지)
 – "무시당했다(X)" / "답장이 없었다(O)"

- · A(해석/자동문장): 머리가 띄운 자동 자막 1줄
  - '나는/항상/절대/또'가 자주 등장합니다.
- · B(신체 각성): 부위1+감각1
  - 길어지면 즉시 축약합니다.
- · N(욕구/가치): 핵심 1개
  - 예: 존중/안전/공정/통제/소속/성장/사명/회복/자기 보호
- · R(자동 반응): 말/행동 1줄(보호 기능 인정)
  - '나쁘다'는 판단 대신 '보호하려 했다'를 먼저 인정합니다.
- · L(결과/연료): 결과1+연료1
  - 연료 예: 수치/두려움/인정 갈망/통제욕/자기 비난

3-3. 상태 라벨(택1)

- · **과각성:** 빨라짐/예민/통제/불면/압박
- · **저각성:** 멍함/회피/지연/무감각/동결
- · **혼합형:** 낮 과각성으로 버티고 밤 붕괴, 회피→폭발

3-4. 구조 트리거(택1)

- · 책임 과부하/권한 모호/평가·평판 압박/이해관계 충돌/갈등 구조/시간·일정 압박

4. 디코드 1장 지도 템플릿

· 대표 장면(최근 7일): ___________________________

· S(팩트): ___________________________

· A(자동 자막): ___________________________

· B(신체): (부위) ______ +(감각) ___________________

· N(가치): ___________________________

· R(자동 반응): ___________________________

· L(결과): ___________ +(연료) ___________________

· 상태 라벨(과/저/혼합): ___________________________

· 구조 트리거(1개): ___________________________

5. 디코드 완성 사례(예시1)

사례1: '권위자 평가→위축/말 막힘'

· **대표 장면:** 총장님이 보고서에 "근거가 약합니다. 다시 가
져오세요"라고 말한 순간
· **S(팩트):** 회의에서 보고서에 "근거가 약하다"는 피드백을
받음

- **A(자동 자막)**: '나는 무능하다. 인정받지 못하면 끝이다.'
- **B(신체)**: 얼굴 화끈+가슴 조임
- **N(가치)**: 존중(인정)
- **R(자동 반응)**: 설명할 말만 머릿속으로 준비하고 입이 굳음(또는 과잉 설명 욕구)
- **L(결과/연료)**: 회의 내내 위축+연료(수치/인정 갈망)
- **상태 라벨**: 과각성
- **구조 트리거**: 평가·평판 압박→다음부터는 '총장님'이 아니라 '평가 트리거+수치 연료' 루프가 보이기 시작합니다.

6. 리코드 6단계 프로토콜(새 언어 1줄+첫 10초 행동 1개)

리코드의 목표는 '큰 변화'가 아니라 조절 게이지 1~2칸입니다. 핵심은 딱 두 가지, 새 언어 1줄+첫 10초 행동 1개(R')입니다.

1. 시작 측정(0~10점)
- 가동률(긴장)__/통증·불편__/뇌 안개·집중 저하__/피로_

2. 트리거 한 줄

- 지금 올라오기 직전 장면 1문장
  - 예: '피드백 메일을 열기 직전, 가슴이 조여옴'

3. 위협 자막(A) 한 줄

- 머리가 자동으로 띄운 문장 1줄
  - 예: '또 망했다. 나는 원래 부족하다.'

4. 상태 라벨+지표 1개

- 과/저/혼합+(호흡 속도/말의 속도/어깨/턱/심박 중 1개)

5. 다운 없이 조율 레버 1개(90초)

(과각성 · 혼합형일수록 ① 추천)

① 호흡 튜닝: 들숨 3초 / 날숨 5초×10회

② 속도 튜닝: 말·결정 10% 감속('요점 1개 + 질문 1개')

③ 자세 튜닝: 어깨 1cm↓, 턱 20%↓, 시선 한 점 2초

6. N(가치)을 살리는 리코드 문장 1줄(20초)

- **템플릿:** "나는 (N)을 위해 (자동 반응)으로 가지 않는다. 대신 (지속 가능한 방식)을 선택한다."

– 예시: "나는 존중을 위해 과잉 설명으로 가지 않는다. 대신 요점 1개로 말한다.", "나는 회복을 위해 과열로 가지 않는다. 대신 90초 튜닝을 한다."

7. R'(첫 10초 행동) 1개(30초)

· "확인 1개만 하겠습니다. 핵심은 ＿＿＿이 맞나요?"
· "지금은 바로 답하지 않고, 10분 뒤 한 줄로 정리하겠습니다."
· "요청은 한 가지입니다. ＿＿＿이 가능할까요?"
· (침묵 5초) "사실 1줄만 다시 확인해도 될까요?"

8. 종료 측정(0~10점)

· **목표:** 1~2칸만 변해도 성공입니다.

7. 리코드 완성 사례(예시2)

사례2: '배우자 말투 → 즉시 날카로움/후회'

· **시작 측정:** 가동률7/심박6/뇌 안개4/피로5
① **트리거:** 배우자가 '또 그 얘기야?'라고 말한 순간
② **A(위협 자막):** "무시당했다. 나는 존중받지 못한다."

③ **상태 라벨+지표:** 과각성+턱에 힘이 들어감

④ **조율 레버:** 호흡(3-5)×10회+어깨 1cm ↓

⑤ **리코드 1줄(N=존중):** "나는 존중을 위해 공격으로 가지 않는다. 대신 차분한 한 문장으로 요청한다."

⑥ **R':** "요청은 한 가지예요. 지금은 톤을 낮춰서 이야기해 줄 수 있어요?"

· **종료 측정:** 가동률5/심박4/뇌 안개3/피로5→변화는 '관계의 완벽'이 아니라, 첫 10초의 방향 전환으로 시작됩니다.

8. 「정렬과 귀환」 7회기 지도(요약)

이 지도는 '과정 설명'이 아니라, 지금 내가 어디에 서 있는지 확인하는 기준점입니다. 이 책은 루틴이고, 프로그램은 루틴을 몸에 고정하는 구조입니다.

· **1회기: 창조(당신은 원래 창조자입니다)**

· **2회기: 정렬과 귀환성(흔들려도 돌아오는 힘)**

· **3회기: 정체성·무의식 서사(자동 반사 회로 이해)**

- 4회기: 개인 디코드(나의 루프 지도 1장 완성)

- 5회기: 리코드(새 언어 1줄+첫 10초 행동 1개)

- 6회기: 퍼포먼스·루틴 적용(아침/즉시/저녁 루틴 고정)

- 7회기: 통합·귀환(내 삶의 규칙으로 정착)

9. 미니 사례 3줄 적용

사례 9-1) 말이 먼저 튀어나오는 아침

- **디코드:** S 아이가 말대답/A "나를 무시한다"/B 턱·가슴 긴장/N 존중/R 소리침/L 죄책감
- **리코드 1줄:** "나는 존중을 위해 폭발로 가지 않는다. 대신 90초 튜닝 후 한 문장으로 말한다."
- **R':** "지금 10초만 쉬고 말하겠습니다."

사례 9-2) 평가 앞에서 얼어붙는 회의

- **A:** "무능해 보이면 끝"/상태 과각성
- **조율:** 말 속도 10% 감속(요점 1개+질문 1개)
- **R':** "확인 1개만 하겠습니다. 핵심은 ___ 이 맞나요?"

사례 9-3) 비교로 하루가 시작되는 사람

· 아침 정렬에서 '해석 기준' 한 문장을 고정한다
· '오늘 나는 비교가 아니라 방향으로 판단한다.'
· 무너질때는 분석, 해석하지 않는다. 30초 즉시 귀환만
한다.

인생은 결심으로 바뀌지 않습니다. 돌아온 날이 쌓여 인생이 됩니다.

감사의 말

모든 생명의 근원이자 저의 길을 비추는 그 빛에 가장 먼저 감사를 전합니다.

제가 누구인지 묻게 하시고, 제 안의 가능성을 의심하지 않게 하시며, 마침내 겨울을 뚫고 피어나는 '진달래'의 존재감을 온몸으로 살아내게 하심에 감사합니다.

그리고 '내가 옳다'는 한계의 정신 감옥에서 빠져나올 수 있도록 큰 깨달음을 준 아들에게 깊은 사랑과 고마움을 전합니다